名师名校名校长

凝聚名师共识
回应名师关怀
打造名师品牌
培育名师群体

幼儿园班本化探究活动案例集

张芸 ◎ 主编

吉林人民出版社

图书在版编目(CIP)数据

幼儿园班本化探究活动案例集 / 张芸主编. — 长春：吉林人民出版社，2022.7

ISBN 978-7-206-19311-8

Ⅰ.①幼… Ⅱ.①张… Ⅲ.①幼儿园—教学活动—教案（教育）Ⅳ.①G612

中国版本图书馆CIP数据核字（2022）第128008号

幼儿园班本化探究活动案例集
YOUERYUAN BAN BEN HUA TANJIU HUODONG ANLI JI

主　　编：张　芸	封面设计：李　娜
责任编辑：王　丹	

吉林人民出版社出版发行（长春市人民大街7548号　邮政编码：130022）
印　　刷：北京政采印刷服务有限公司
开　　本：787mm×1092mm　　1/16
印　　张：11.75　　　　　字　　数：180千字
标准书号：ISBN 978-7-206-19311-8
版　　次：2022年7月第1版　　印　　次：2022年7月第1次印刷
定　　价：68.00元

如发现印装质量问题，影响阅读，请与出版社联系调换。

编委会

主 编：张 芸

副主编：张知雁 涂立珍

编 委：朱继红 熊文婷 袁晓丽

目录

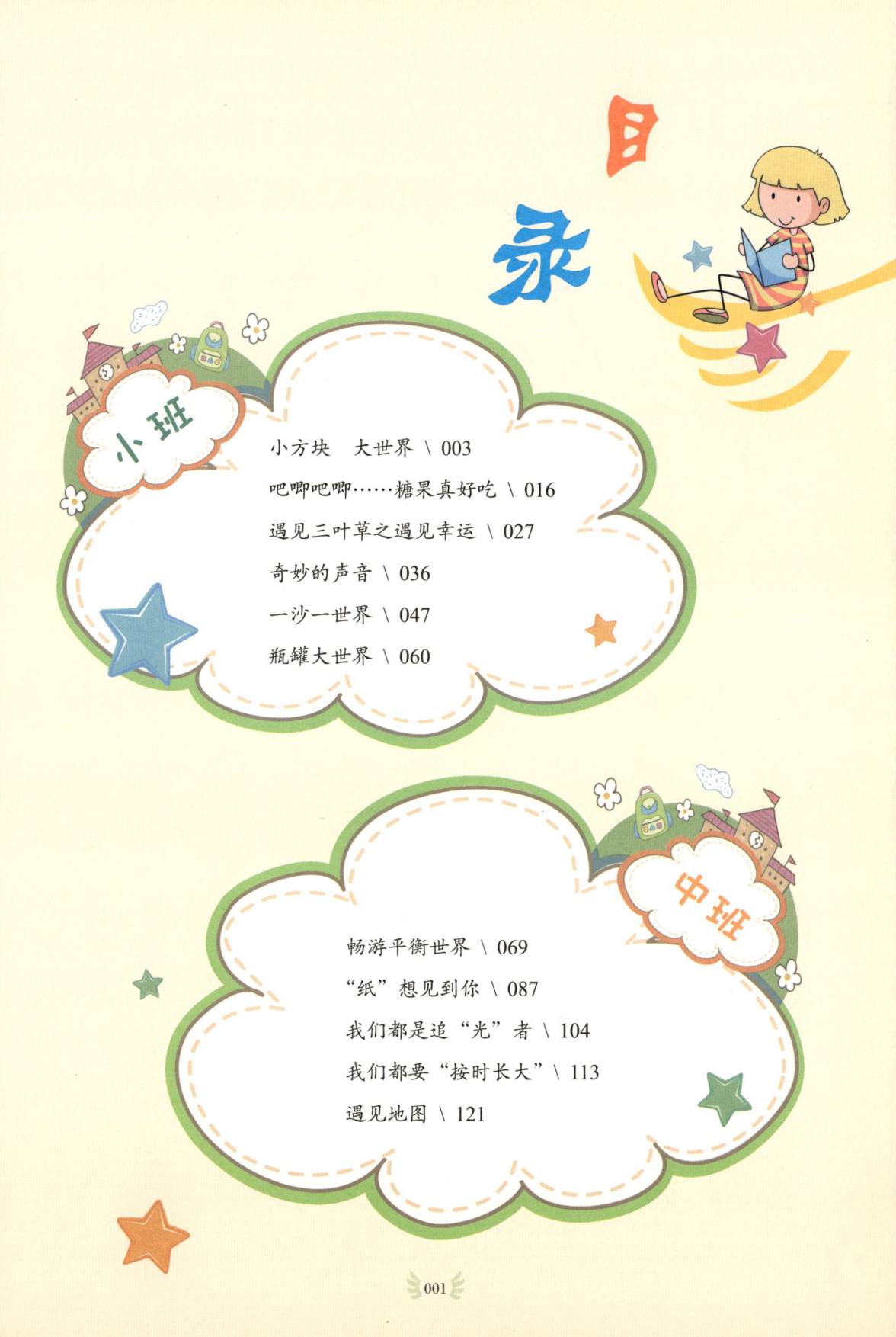

小班

小方块　大世界 \ 003

吧唧吧唧……糖果真好吃 \ 016

遇见三叶草之遇见幸运 \ 027

奇妙的声音 \ 036

一沙一世界 \ 047

瓶罐大世界 \ 060

中班

畅游平衡世界 \ 069

"纸"想见到你 \ 087

我们都是追"光"者 \ 104

我们都要"按时长大" \ 113

遇见地图 \ 121

大班

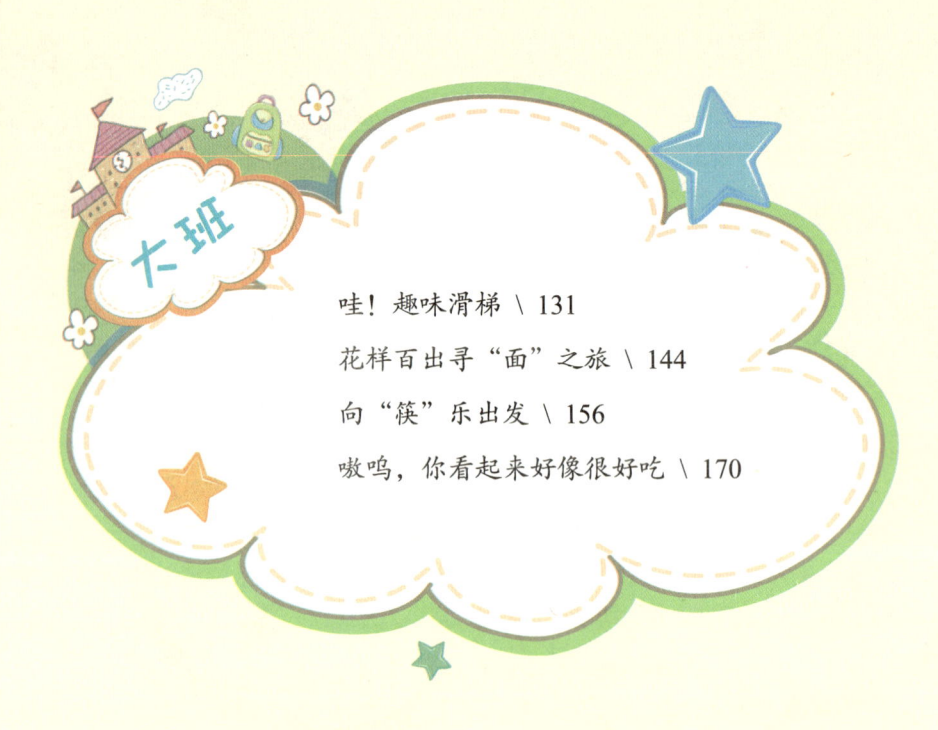

哇！趣味滑梯 \ 131

花样百出寻"面"之旅 \ 144

向"筷"乐出发 \ 156

嗷呜，你看起来好像很好吃 \ 170

小班

小方块　大世界

一、活动兴趣来源

本次活动来源于一次区角游戏，开学初我投放在益智区的小方块积木（图1）居然引起了小朋友们的兴趣。开始是华瀚小朋友主动拿起了柜子里的小方块积木进行拼搭游戏（图2），接着其他几个孩子也纷纷加入其中。当我询问他们"你们在拼什么呢？"发现孩子们并不是在无目的地玩，而是有自己的拼搭目标。焱焜拼的是"伦敦大桥"（图3）；小强拼了"加长货车"（图4—图5）；华瀚说自己拼了"大楼"和"我的家"（图6—图7）……当我在集中分享活动中展示他们的作品时，其他的小朋友对他们拼成的物品感到好奇……表示自己也可以拼出小汽车、手枪等。

图1　　　　　图2

图3 　　　　　　　　　　　图4

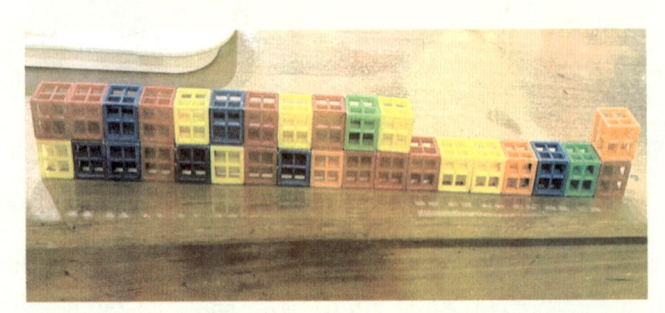

图5

图6 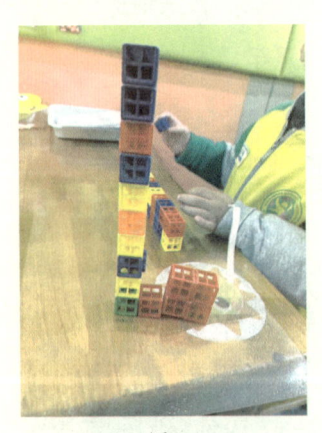　　　　　　　　　　　图7

二、活动前期思考

《3—6岁儿童学习与发展指南》（以下简称《指南》）中指出，要"引导幼儿注意事物的形状特征，尝试用表示形状的词来描述事物，体会描述的形象性和趣味性"，并且鼓励"用多种方法帮助幼儿在物体与几何形体之间建立联系"。如引导幼儿感受生活中各种物品的形状特征，并尝试识别和描述。例如，感受和识别盘子、桌子、车轮、地砖等物品的形状特征。我想：不如以小方块积木为契机，引导幼儿寻找生活中的方块，积极观察、善于发现生活物品的形状特征，鼓励他们按形状分类整理物品，以此促进幼儿寻找发现，在观察中对比、探究学习。

三、活动研究目标

（1）引导幼儿观察了解小方块的主要特征，认识生活中的方块。
（2）能够积极主动参与探究小方块的艺术世界，发挥自身的创造性。
（3）喜欢认识和比较物体的形状，并在生活中发现更多不同的形状。
（4）愿意与同伴交流小方块的故事，大胆猜测故事情节，讲述图画内容。

四、活动思维导图

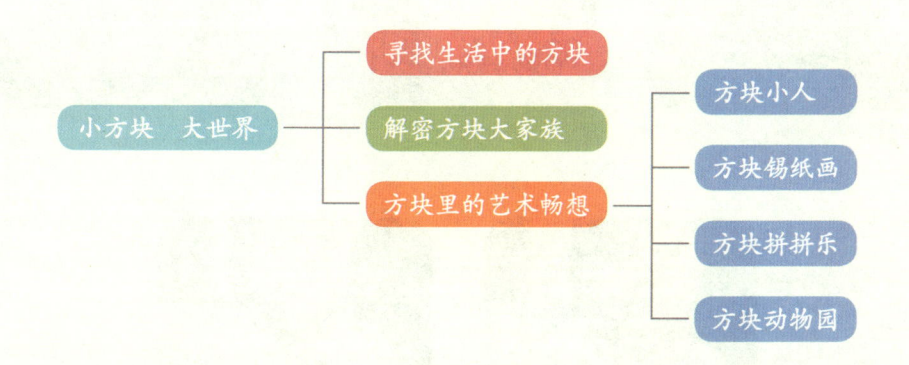

```
                    ┌── 寻找生活中的方块
                    │                          ┌── 方块小人
  小方块 大世界 ────┼── 解密方块大家族         │
                    │                          ├── 方块锡纸画
                    └── 方块里的艺术畅想 ──────┤
                                               ├── 方块拼拼乐
                                               │
                                               └── 方块动物园
```

五、活动探究过程

探究一：寻找生活中的方块

小小的方块有大大的作用，它们在我们的生活中无处不在。通过家园合作，周末，孩子们跟随家长走出家门，去寻找、发现身边的小方块。"我在哪里发现了小方块，它们有什么本领呢？"带着问题出发，小朋友们通过直接感知、亲身体验，在家里、马路边、广场上都找到了方块：地砖（图8）、包装盒（图9）、车身（图10）、书本、玩具（图11—图15）……

图8

图9

图10

图11

图12

图13

图14

图15

小班

教师思考

活动中，家长带领幼儿在生活中寻找"方块"，像是在玩寻宝游戏，而且同伴之间还可以进行"谁发现得比较多的比赛游戏"。所以孩子们的参与热情高，发现小方块的自主性强，有利于激发孩子学习与探究的兴趣。这一活动鼓励幼儿多观察发现身边的各种事物，学习在观察比较中认识物体的形状特征。同时，还加强了家园共育，通过活动的开展向家长传递了科学适宜的育儿理念——生活即教育，引导家长利用空闲时间陪伴孩子健康成长。

探究二：解密方块大家族

通过周末外出寻找身边的小方块，幼儿直接感知认识了方块的基本特点。周一来园时围绕照片，教师组织幼儿讨论分享，共同认识方块家族。教师组织幼儿提炼经验，寻找发现藏在方块里的图形宝宝。我们开展了一次"认识方形"的集中活动（图16），活动中运用常见的积木（图17）引导幼儿进行认识、比较、分类操作，幼儿在操作中感知了解方形的主要特征（图18—图21）。

图16

图17

图18

图19

图20

图21

教师思考

教师组织梳理幼儿关于方块的粗浅、简单经验，总结提炼出方形的核心经验，帮助幼儿获得在生活中发现方形、比较方形特点的经验。活动不足之处是提供的操作材料种类不足，幼儿在比较的维度上不够，所以获得方形特征的认知经验不够深刻。

探究三：方块里的艺术畅想

艺术是人类感受美、表现美和创造美的重要形式，也是表达自己对周围世界认识和情感态度的独特方式。每个孩子心里都有一颗美的种子，当有趣的方块遇上奇妙的艺术世界，会发生什么故事呢？让我们跟随小四班的孩子们一起漫步方块的艺术之旅……

首先教师带领孩子们认识西班牙艺术大师以及他的马赛克建筑作品，他的作品把方块作为元素，创造出一座座惊艳的建筑物。那么孩子们又会用方块创作出什么样的作品呢？

1. 方块小人

教师提供给幼儿各种颜色的方形纸、活动眼睛、勾线笔以及固体胶（图22），幼儿自主绘画制作属于自己的、独一无二的方块小人。（图23—图25）教师在前期讲解时引导幼儿可以自由绘画不同的发型（卷发、直发、长发、短发）和不同的眼睛、嘴巴。孩子们最后画出来的方块小人一个个形态各异、生动可爱、充满童趣，欣赏评价环节鼓励幼儿发现作品差异化的美。

图22

图23

图24　　　　　　　　图25

2. 方块锡纸画

神奇的小方块不仅能聚在一起变成"大方块",还可以分成许多其他的形状。

教师提供特殊的锡箔纸材料、马克笔以及绳子,带领孩子们利用绳子将方形分割成不同的几何形状,然后再用马克笔给这些形状上色。孩子们在制作分隔板的过程中体验了自由切换组合的乐趣,之后的涂色环节锻炼了审美能力和耐心。(图26—图31)

小班

图26

图27

图28

图29

图30

图31

3. 方块拼拼乐

当马赛克遇上小动物，穿上新衣服的动物会是什么样的？一起来看看我们的马赛克作品——瞧瞧我们的认真劲儿，真像艺术大师创作的时刻啊！（图32—图37）

图32 　　　　　　　　图33

图34 　　　　　　　　图35

图36　　　　　　　　图37

4. 方块动物园

马赛克作品带我们走进了方块动物的世界。除了上面几种动物，还有许多动物可以由方块组成，其实每种动物都可以由一个个小方块组成，你看出来下面的是哪些动物吗？孩子们在看一看、比一比中一一辨认出了动物原型。（图38—图39）这本书的图画内容总体来说还是很抽象的，所以很多动物我都猜不出来，但是孩子们却几乎每一个动物都猜到了，说明他们对画面内容进行了观察、思考、联想以及比较。同时3—6岁孩子的形象思维模式也帮助了他们理解画面内容，联系生活经验展开联想与想象。阅读结束后，孩子们利用泡沫板、水粉颜料制作方块动物，感受拼接的快乐和主动联想的好习惯，同时因为是小组分开参与，所以促进了孩子们的交往能力。（图40—图44）

图38　　　　　　　　图39

图40

图41

图42

图43

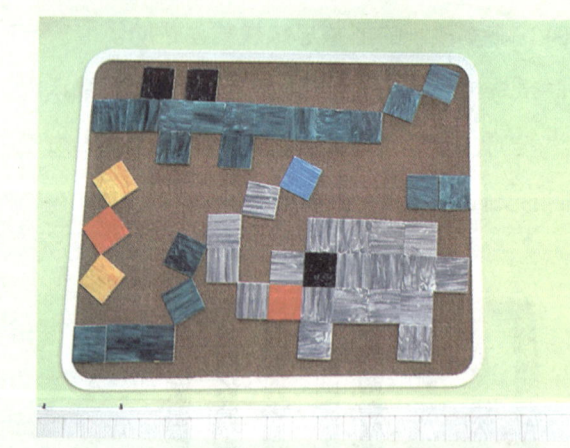

图44

教师思考

丰富的活动材料、形式多样的体验以及简单易懂的操作方法，幼儿易于理解，引发了孩子们参与的兴趣。

六、活动完成感悟

本次主题探究活动从孩子们在游戏中的兴趣点出发，尊重了孩子学习的主体地位，发挥了他们的自主性和创造性。教师允许孩子们在游戏中试错，营造了民主愉悦的氛围，有利于孩子们天马行空的想象。

活动一：从"寻找生活中的方块"引入，充分发挥家园共育的力量，孩子们在家长的指导下观察、比较、发现生活中的方块物体。孩子们在找一找、比一比的过程中学习物体的形状特点。

活动二：周末的"方块搜集"活动结束后，教师收集幼儿活动过程中的照片在班级集中分享，先让幼儿之间交流讨论，教师小结方块的主要特征。通过数学集中教育活动中的操作材料的提供，教师支持链接幼儿关于"形状"的数学经验。

活动三：从赋予方块生命的方块小人入手，将方块拟人化、童趣化，促进孩子们参与活动的兴趣。同时，结合艺术大师的美术作品，提升孩子们的艺术审美能力。然后，再次回到绘本阅读，此次的活动重点在于引导孩子们根据抽象的形状线索和颜色线索，联想真实的动物原型，发展孩子们联系生活实际的能力以及逻辑思考的能力。最后，在教师的支持下完成书中动物原型的手工制作，孩子们获得了强烈的成就感和自豪感，情感方面得到了发展。

活动不足之处是活动开展的维度不够，语言和艺术领域活动占了主要部分，缺乏多种领域间的渗透化的综合教育。总体来说，基本达成活动的预期目标。"小小的方块"也有这么多神奇的秘密可以挖掘，今后还要多鼓励孩子们从生活中去发现、去探索、去学习！

（本案例由小四班徐梦奇老师提供）

吧唧吧唧……糖果真好吃

一、活动兴趣来源

阅读区里出现了一本新绘本《小鳄鱼的糖果牙齿》，孩子们的目光都被封面中色彩缤纷的糖果所吸引，纷纷展开了讨论。

嘟嘟：有巧克力饼干、糖果。

涵涵：还有蛋糕、布丁。

嘟嘟：它们都"飞起来"了！

涵涵和嘟嘟两人一起翻开了书，走进了绘本故事的世界，围绕"糖果"展开了讨论。

嘟嘟："哇，好想吃这个圆圆的糖果啊！"

涵涵："这里还有夹心糖，我也想吃！"

孩子们对于糖果产生了浓厚的兴趣，下面，让我们跟着孩子的脚步，一起走进他们心中的糖果世界吧！

二、活动前期思考

在孩子们的童年里，甜甜的糖果一直是他们的最爱。孩子们会梦想着有一天可以拥有一座糖果工厂，可以制作五彩缤纷的糖果。甜甜的牛奶糖、好吃的棒棒糖、软软的棉花糖、QQ糖、跳跳糖……这些糖果在孩子们心中留下了美好的记忆。

阅读区一本关于糖果的有趣绘本《小鳄鱼的糖果牙齿》，引发了孩子们对于糖果的探究兴趣，随着绘本里的故事情节，她们思考着：糖果有哪些形状？哪些味道？又有哪些颜色和图案呢？他们对于各种各样的糖果非常感兴趣，因此，生成此次活动的良好契机由此而来。

在活动不断推进的过程中，值得教师思考的问题有：

（1）如何借助糖果这一孩子们感兴趣的话题，进一步调动孩子对糖果的探究兴趣，帮助孩子获取更多的相关知识链接。

前期经验的铺垫是提升更多经验的基石。在孩子对糖果的颜色、形状、味道、种类有一定的认知后，通过谈话活动的开展，向小伙伴介绍自己的糖果，锻炼语言表达能力；与小伙伴分享糖果，促进孩子的社会认知能力。做到各领域相互渗透，从不同角度促进幼儿情感、态度、能力、知识、技能等方面的发展。

（2）如何借助家园共育为幼儿提供多渠道的教育平台，在亲子互动中把糖果之甜蜜味道升华到亲情之爱。

在探究、了解糖果的过程中，不仅需要老师的引导，更需要每一位家长的参与和支持，在本次探究活动中，通过孩子与父母的谈话和实践，能够帮助孩子积累丰富的生活经验，引导孩子获得更快速地提升，促进亲子关系的发展。

三、活动研究目标

（1）认识生活中各种各样的糖果，了解糖果的不同特点。

（2）能够在同伴面前大胆介绍自己喜欢的糖果，主动表达自己的想法。

（3）学会与同伴分享糖果，体验糖果带来的美味和幸福。

四、活动思维导图

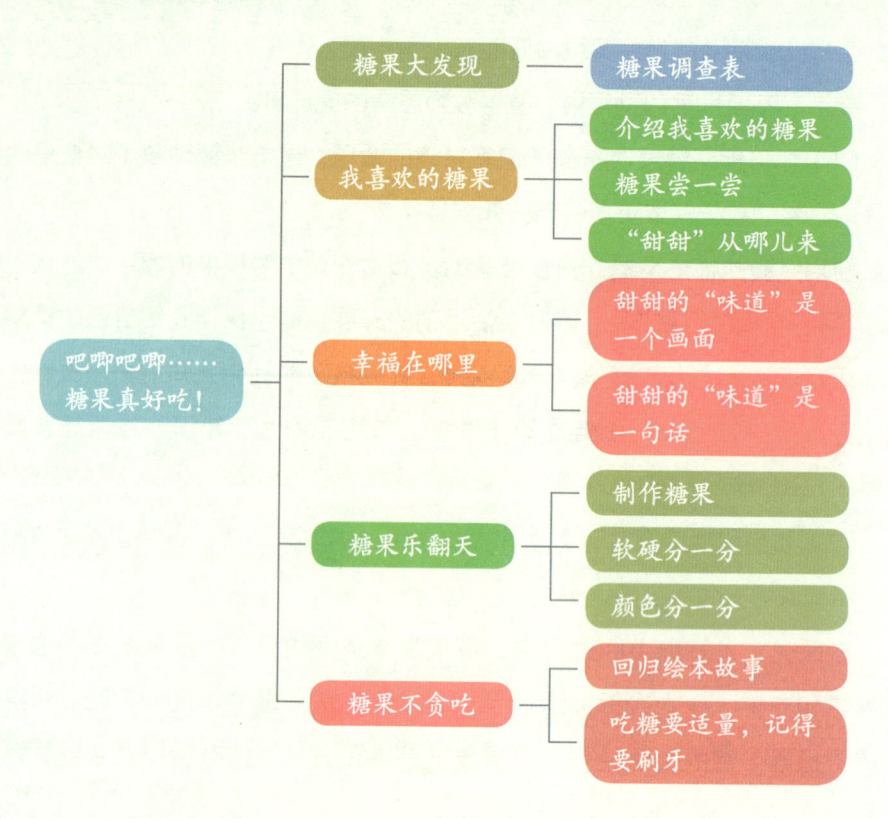

```
                    ┌─ 糖果大发现 ── 糖果调查表
                    │
                    │                ┌─ 介绍我喜欢的糖果
                    ├─ 我喜欢的糖果 ──┼─ 糖果尝一尝
                    │                └─ "甜甜"从哪儿来
                    │
吧唧吧唧……          │                ┌─ 甜甜的"味道"是
糖果真好吃！ ───────┼─ 幸福在哪里 ───┤   一个画面
                    │                └─ 甜甜的"味道"是
                    │                    一句话
                    │                ┌─ 制作糖果
                    ├─ 糖果乐翻天 ───┼─ 软硬分一分
                    │                └─ 颜色分一分
                    │                ┌─ 回归绘本故事
                    └─ 糖果不贪吃 ───┤
                                     └─ 吃糖要适量，记得
                                         要刷牙
```

五、活动探究

探究一：糖果大发现

在活动中，孩子们和爸爸、妈妈从超市里买了喜欢的糖果，一起收集和糖果的大合照。

孩子们通过尝一尝、看一看、摸一摸等方式，对糖果有了很多新发现、新认识，并将自己的发现一起记录在了调查表里。

教师思考

在本次调查活动中，孩子们不仅获得了许多关于糖果的认识，也通过与爸爸、妈妈们共同制作表格，互相沟通，让爸爸、妈妈看到了宝贝们崭新的一面。在制作完调查表后，孩子们纷纷提出了想和小伙伴们分享他们喜欢的糖果，于是我们展开了对糖果的第二次探索。

探究二：我喜欢的糖果

孩子们带来了自己喜欢的糖果与小伙伴们一起分享，并且愿意主动地向同伴介绍自己带来的糖果。他们之前通过制作调查表，对糖果有了很多认识，在分享时可以从不同角度来描述糖果，介绍糖果的口味、形状等。

讨论我喜欢的糖果：口味、形状。

欧宝：我喜欢吃水果味的糖果。

妞妞：我喜欢圆圆、硬硬的苹果糖。

贝儿：我喜欢吃长长的小虫糖，我不怕酸。

团团：我喜欢南瓜一样的糖果。

幼儿吃糖果的照片展示：（图1—图4）

图1 　　　　　　　图2

图3

图4

在交流与分享中，不仅品尝到美食，感受到糖果带来的甜蜜和快乐，更进一步锻炼了孩子与人交流表达的能力，拉近与小伙伴们的关系，促进了社会交往能力的发展。

"甜甜"从哪儿来？

小朋友们在糖果茶话会上品尝了各种各样的糖果，他们发现糖果都是甜甜的，他们提出了新的疑问：糖果是从哪里来的？它是怎么制作出来的呢？于是孩子们开始了新一轮的探索，寻找糖果的起源。

欧宝：甜甜的味道是从棉花里出来的吧！

涵涵：厨房的糖罐子里就有甜甜的味道。

嘉嘉：妈妈的衣服上也有香水甜甜的味道。

"甜甜"从这里来：

（1）我们吃掉的糖果叫蔗糖，是从甘蔗和甜菜中提取出来的。（图5—图6）

图5　　　　　　　　　图6

（2）了解糖的制作过程：蔗糖经过工人叔叔的加工，变成了红糖、砂糖、冰糖，再经过精心的制作就会变成美丽糖果的模样。（图7—图11）

图7

图8

图9

图10

图11

教师思考

糖果的味道是甜甜的，通过前期探究活动，孩子们在味觉中感受着幸福，除了糖果能给人带来幸福的味道，嗅觉、听觉、视觉也能给人带来甜甜的味道，接下来的一系列探究活动，是孩子们从不同角度感受甜甜的味道从哪里来？

探究三：幸福在哪里

糖果甜蜜的味道，让孩子们从食物中获得快乐，他们也渐渐发现从爸爸、妈妈身上也会带来甜蜜和快乐。孩子们开始围绕"甜甜的话"展开讨论，纷纷提出了自己的想法，原来甜甜的"味道"可以是一个画面……

教师思考

在这次"甜甜的话"活动中,每个孩子从独特的视角出发,对于父母和亲人的爱都有了新的认识,于是他们开始了和"家人"的对话,一起用温暖的语言诉说着感恩和爱,这个冬天温暖了每个人的心灵。原来,甜甜的"味道"还可以是一句话……

涵涵:我爱我的爸爸和妈妈。

诚诚:我爱我的哥哥。

程程:因为奶奶很好,她给我煮饭,所以我爱奶奶。

夕夕:因为爷爷每天都来接我,我爱爷爷。

杉杉:我爱小乌龟咘咘和呆呆,因为它们很可爱。

嘟嘟:我爱我家的小花猫,它叫丁丁。

一茗:我爱我的老师!

塬塬:我喜欢和小朋友们一起玩,我爱幼儿园。

其实,甜甜的"味道"一直如影随形,用心感受,甜甜的味道就会一直在……

探究四:糖果乐翻天

游戏是孩子的天性。在前面的调查中,小朋友们对于糖果的制作非常感兴趣,提出了许多糖果的制作方法。于是他们拿起了美工区的材料,运用黏土和木棍制作出"美味的"棒棒糖,还运用漂亮的彩色糖纸捏出了"好吃的"糖果。通过这次美工活动,不仅促进了幼儿手指精细动作的发展,也让孩子们在动手操作中体验到成功的乐趣。(图12—图17)

小班

图12 　　　　　　　　　图13

图14 　　　　　　　　　图15

图16 　　　　　　　　　图17

教师思考

孩子们还创造出糖果新的玩法：糖果软硬分一分和颜色分一分。在活动中，锻炼了他们发现问题、寻找答案、解决问题的能力。（图18—图20）

图18

图19

图20

探究五：糖果不贪吃

甜甜的糖果也想跟爱吃糖的小鳄鱼分享呢！我们一起来给小鳄鱼喂好吃的糖果吧！（图21—图22）

图21

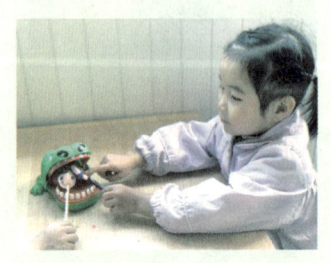

图22

甜甜的糖果总是让人爱不释手，爱吃糖果的小鳄鱼吃多了糖果会怎么样呢？幼儿展开了讨论——

文文：因为小鳄鱼吃完糖果不刷牙，牙齿里会有很多细菌，牙齿会变黑！

梓乔：是的，奶奶说小朋友们不能吃太多糖，会长蛀牙的！

通过让孩子阅读绘本，从故事中了解到小鳄鱼贪吃糖果的危害性，于是孩子们懂得只有养成早晚刷牙、不贪吃甜食的习惯，才能保护好我们的牙齿不受伤害。明白了这个道理，孩子们纷纷行动起来，正在给小鳄鱼刷牙呢！（图23—图24）

图23　　　　　图24

教师思考

孩子们很喜欢吃糖果，但有时候不懂得吃糖果要适量，通过阅读贪吃的小鳄鱼的故事，潜移默化地让孩子们在思考中学会了理解"糖果不多吃"的道理，养成爱护牙齿的小本领。

六、活动完成感悟

陶行知先生说过："生活即教育"，生活中常见的糖果也蕴含着丰富的教育契机，在本次活动中，孩子是学习的主人。在一次次的阅读活动中，孩子们对糖果产生了浓厚的兴趣，我和孩子们一起以"糖果"作为切入点，以探究为核心，支持和鼓励其在糖果活动中敢于表达自己的想法和经验，鼓励其一起参与糖果大调查、分享糖果、糖果从哪儿来、说"甜甜的话"的全过程，引导幼儿积极讨论、记录自己的发现，鼓励他们清晰有条理地表达自己的想法，在探究糖果的过程中，一点一滴地唤起孩子们的深度学习，锻炼其观察、探究等能力，帮助孩子们用自己的方式去解决问题，用眼去看，用脑去思考，用手去记录，用耳去聆听，促进其自主学习能力的提升。

在探究过程中，家长的参与、工具的提供和教师的提问都是一种催化剂。糖果的味道是甜甜的，对孩子们而言还有哪些是甜甜的呢？在孩子们的心中，不仅仅能感受到糖果带来的"甜"，更能感受到父母的爱带来的"甜味儿"。在活动中，幼儿通过与爸爸、妈妈共同观看有纪念意义的照片，分享"甜甜的话"，感受着来自亲人爱的温度和情感，这些真实体验，让"爱"成为每个孩子自主学习探索的"秘密花园"，使他们熟知生活现象，获得感性经验。生活即教育，教育需要回归生活。

根据孩子们的探究兴趣所引发的游戏，教师给予他们场地、工具上的支持，让各个区域一起"动"起来，让孩子们的创意得以实现。例如，给孩子们在美工区提供黏土、小木棍以及各种各样的糖纸；通过家园合力收集各种各样的糖果在益智区进行糖果大分类，让孩子们通过直接感知、实际操作、亲身体验，对自己的行为进行思考，从而引发自主学习，获得全面发展。

（本案例由小一班房美君、艾丽丝老师提供）

遇见三叶草之遇见幸运

一、活动兴趣来源

散步是幼儿在园一日生活中的一个环节，一天午餐过后，我带领幼儿排成"小火车"到园内散步，突然珩珩惊奇地喊了起来："老师，老师，我发现了好多三个叶子的草，好多像爱心的草哦！"这一喊顿时吸引了所有孩子的关注。（图1）我也顺着呼声看过去，原来是滑梯旁独有的三叶草之地。于是我让孩子们驻足观察，让他们自由发现。针对孩子的好奇心和求知欲，我抓住教育契机，挖掘其中的教育价值，开始了本次的三叶草主题活动。

图1

二、活动前期思考

陈鹤琴先生说过："大自然是我们的知识宝库，是我们的活教材。"

亲近自然对幼儿的成长和发展有着重要的作用。幼儿园滑梯旁独有的三叶草之地，成为孩子们关注的焦点，就此，与三叶草的有趣"互动"开始了！

三、活动研究目标

（1）感知三叶草的形态特征，了解它的生活习性和作用。

（2）知道三叶草可以帮助人们实现美好的愿望，懂得关心和帮助别人。

（3）仔细寻找三叶草，体验成功找到三叶草的快乐。

四、活动思维导图

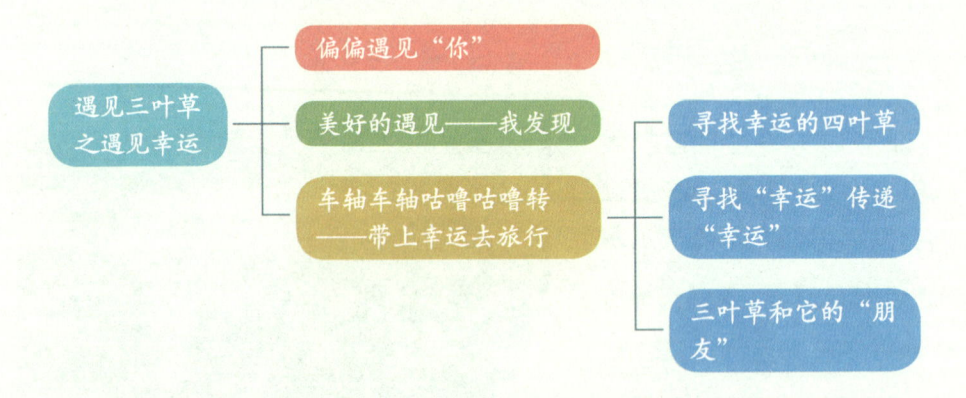

```
                    ┌─ 偏偏遇见"你"
                    │
遇见三叶草 ─────────┼─ 美好的遇见——我发现 ─┬─ 寻找幸运的四叶草
之遇见幸运          │                        │
                    │                        ├─ 寻找"幸运"传递"幸运"
                    └─ 车轴车轴咕噜咕噜转 ───┤
                       ——带上幸运去旅行      └─ 三叶草和它的"朋友"
```

五、活动探究

探究一：偏偏遇见"你"

珩珩：老师你看，这里有好多三片叶子的小草。

玥玥：我发现是六片叶子——1、2、3、4、5、6。

航航：老师、老师，这个草怎么和旁边的草长得不一样啊？

腾腾：那是什么草呀？长得还挺好看的呢，它的叶子就像小爱心一样。

浩浩：我们家也种了很多跟这一模一样的"爱心草"，妈妈告诉我这是三叶草。（图2）

孩子们开始对这棵神奇的"爱心草"产生了浓浓的好奇心，都想发现它的秘密。梳理思路后，我们决定跟着孩子的思维轨迹走……

图2

教师思考

活动开展中，孩子们通过比较三叶草与其他小草的叶片形状、纹理，茎秆的粗细，花朵的颜色、大小等，总结了它们的不同之处和相同之处。此后的一段时间里，三叶草成了班上的热议话题，带着孩子们浓厚的兴趣，我们的活动继续开展。

探究二：美好的遇见——我发现

在知道三叶草的名字之后，孩子们更喜欢三叶草了，他们习惯天天都要去看看三叶草，和它说说话。一次，宇辰意外发现三叶草的叶子都"连"在一起了。（图3—图4）

图3 　　　　图4

洋洋：可能它不喜欢运动，所以叶子都缩到一起了，你看它长得这么胖乎。

紫愉：我去问问妈妈。

彤儿：天气好热，也许没有喝水，是不是渴死了？

诚诚：它是不是没有见到太阳公公，不高兴了呢？

孩子们根据自己的经验进行着猜想，还主动通过寻求爸爸、妈妈的帮助，有的通过网络媒介，有的通过日常交流，获取了想知道的答案。原来三叶草是一种特别喜欢"睡觉"的植物，叶子闭合是正常现象。在晚上、阴雨天、光照比较弱的情况下，它们就会"入睡"。

利用周末，孩子们怀着满满的期待，和家长一起在户外寻找到了更多不同种类的三叶草。

岚岚：我在小区发现了很多三叶草，它们好大哦！

诺诺：我家有紫色的三叶草！

此后的十天，三叶草成了班级热议的话题。热心的浩浩家长还推荐了《三叶草带来的幸福》绘本故事，孩子们对故事中出现的四叶草产生了浓厚的兴趣。接下来，孩子们寻找四叶草的活动开始了。

教师思考

孩子们意外地发现三叶草的叶子"连"在一起，他们根据自己的经验进行合理猜想，并通过主动请求大人的帮助，从网络上获取了想知道的答案。从一场虚惊中，我们触摸到幼儿的思维动态和认知轨迹，看到他们对成功经验的迁移能力和归根结底的科学态度，进一步激发了孩子们的观察能力和自主学习能力。

探究三：车轴车轴咕噜咕噜转——带上幸运去旅行

第一站：寻找幸运的四叶草

孩子们开启了寻找四叶草之旅（图5—图6），可是接连几天，很多小朋友在园内园外都没有找到，渐渐地，部分孩子的情绪有些失落。五天后，只剩两个小朋友还在寻找。终于，他们在台阶缝隙中间发现了一棵四叶草。（图7）看来坚持能给孩子带来幸运。从绘本故事中我们知道了，四叶草是由三叶草变来的，他们是一家人，因为四叶草非常稀少，所以大家都叫它——"幸运草"。

图5

图6 　　　　　图7

老师小结：在寻找中，孩子们的兴趣由高到低。通过实践探索、查阅书籍资料，得出了四叶草确实很稀少。在这一过程中，孩子们有过放弃，但是在同伴的鼓励引导下又坚持下来了。由于四叶草非常稀少，孩子们又有了新的想法……

第二站：寻找"幸运"，传递"幸运"

四叶草很少，但是三叶草很多，如果能把它们留在身边该有多好啊！于是，孩子们想到了一个办法："老师，我们来种三叶草吧！"

经过询问有种植经验的老师和从网络上搜索资料，孩子们知道了三叶草的生命力十分旺盛，只要将三叶草种在土里就会生根发芽。

第二天，孩子们从家里带来了三叶草，用土培的方法种植。（图8—图9）经过几天孩子们细心地照料，三叶草竟然在不知不觉中多长了几片叶子，孩子们看着自己种植的三叶草发了芽，开心得不得了。

图8

图9

铭铭：我要带着三叶草去找妈妈，我想把幸运送给她。

熙熙：我想把三叶草带回家，种到我家的小花盆里。

硕硕：我想把三叶草送给爸爸，希望他带我去"快乐城"。

胡老师：哇！孩子们，老师相信，你们的愿望一定会成真的！

子婕：老师，什么是愿望呢？

豪豪：我觉得是自己喜欢做的事。

诚诚：不对不对，应该是长大的事。

胡老师：说的都对，愿望是你们想做的事，孩子们，幸运的三叶草，如何才能留住它呢？

彤儿：我要把三叶草画下来，天天看着它。

艺馨：我把三叶草戴在手上，这样就不会跑了。（图10）

图10

紫愉：我做好孩子，三叶草一定喜欢和我做朋友。

胡老师：这是个好主意，只要坚持，你们一定能插上幸运的翅膀。

教师思考

寻找"幸运"，传递"幸运"，孩子们在心里已经悄悄埋下了一颗小小的爱的种子，希望这颗爱的种子能生根发芽、开花结果，把这份"幸运"传递给每个人。

第三站：三叶草和它的"朋友"

雨天，孩子们穿上雨鞋去探寻；夜晚，他们带上手电筒去"侦察"……（图11—图12）

图11　　　　　　　　　图12

　　一个个关于三叶草的小秘密就在孩子们的行动中被破译：三叶草喜欢阳光；在晚上没有阳光时，三叶草会合拢身体"睡觉"；还有三叶草害怕雨水哦！雨天里它是不会开花的！

　　与此同时，孩子们还把焦点关注到了三叶草上面的蜗牛！（图13）

图13

教师思考

　　我们把幼儿园的追踪任务延伸到了家园活动。通过群互动、云分享，看到了很多惊喜，同时也知道孩子们在观察三叶草被蜗牛吸引了，由此引发：课程会改变方向吗？

六、活动完成感悟

《指南》中指出："要充分创造条件和机会，在大自然和社会文化生活中萌发幼儿对美的感受和体验，丰富其想象力和创造力，引导幼儿学会用心灵去感受美、表现美、创造美。"

幼儿园环境是大自然的缩影，我们一直倡导让孩子走进自然，让教育贴近生活，让孩子成为自然的"主人"。园内的一草一木无不吸引着孩子的注意，孩子们通过对植物的观察了解，从多领域感受着自然界的美好，探索其中蕴藏的奥秘，种下一颗探索求知的种子。

"生活即教育，处处皆课程"，只要你细心观察，就会发现处处都蕴含着教育契机，这些教育契机可以巧妙地转化为课程，满足孩子的兴趣需求，促进孩子探究能力和想象力的发展。本次课程故事从孩子们意外地发现三叶草开始，他们根据自己的经验，进行合理猜想，并主动请求成人的帮助，从孩子们一次次的小想法中，触摸到了他们的思维动态和认知轨迹，看到他们对成功经验的迁移能力和认真积极的探究态度，也看到了他们在活动中的观察能力和自主学习能力。

回顾我们的课程，立足幼儿本位，让孩子们从大自然中了解生活，在生活中积累经验，在亲身体验的乐趣中提升了表达能力、观察能力、探索能力，这就是"自然土壤"里产生的最真实、最美好的课程故事。作为教师，和孩子一起收获着幸福，也收获着成长。

我们与大自然的故事未完待续哦……

（本案例由小二班陈晶晶、胡育倩老师提供）

奇妙的声音

一、活动兴趣来源

在表演区，小朋友们发现了一个装有双响筒、铃鼓、沙蛋等乐器的箱子，每人挑了一样乐器进行合奏，在合奏中小朋友们发现：

"大家一起演奏的时候，声音好大、好吵啊！"

"有的乐器的声音听起来很好听，有的乐器的声音听起来让人很难受。"

不同的乐器会发出什么声音呢？到底是哪些乐器发出的声音不好听呢？带着这些问题，我们开启了对声音的一系列探索和研究……（图1）

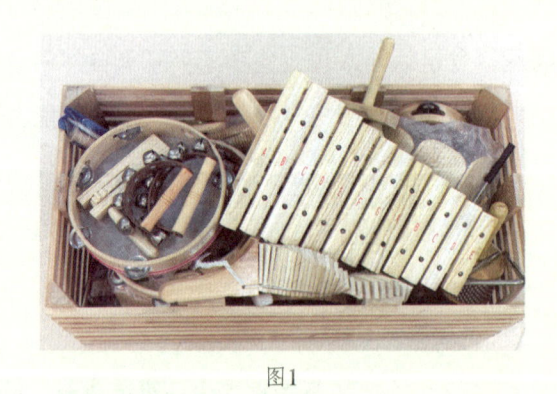

图1

二、活动前期思考

声音在我们的生活中无处不在，不同的物体发出不同的声音，而不同的声音又会给人带来不一样的感受。声音的产生和传递都是孩子们非常感兴趣的话题。因此，我想利用声音作为本次班本化活动的载体，让孩子们在层层递进的活动中激发孩子们的探究精神，锻炼孩子们的动手能力，体会声音在生活中的重要性。

三、活动研究目标

（1）发现生活中不同的声音，了解身边的声音对自己生活的影响。

（2）能够通过实验了解声音是通过震动产生的，发现声音在不同介质中传播的变化。

（3）感受声音的传递，体验声音游戏的趣味性，以及声音在生活中的重要性。

四、活动思维导图

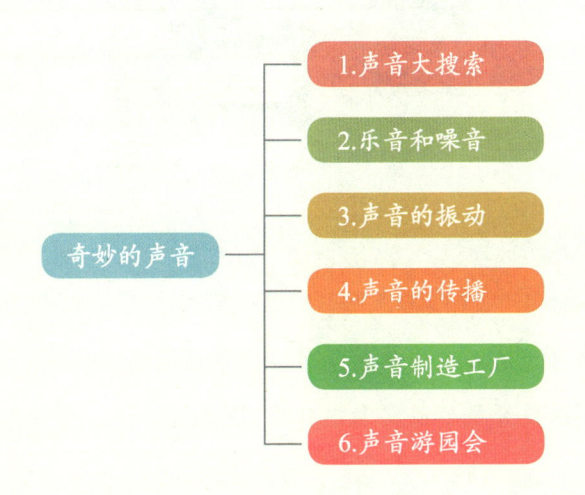

奇妙的声音
- 1.声音大搜索
- 2.乐音和噪音
- 3.声音的振动
- 4.声音的传播
- 5.声音制造工厂
- 6.声音游园会

五、活动探究

探究一：声音大搜索

合奏中不同的乐器都发出了什么声音呢？哪些乐器的声音听起来不舒服呢？让我们一起听一听、画一画吧！

昕昕：腕铃用力敲的时候，声音有点吵。

梓豪：三角铁的声音叮叮当当的，很好听。

添添：沙蛋的声音"沙沙沙"的，听起来很舒服。

南南：我听到木琴可以敲出好几种不同的声音。

原来不同乐器的声音也大不一样呢，演奏的时候，我们要注意方法和力度，这样合奏出的声音才是最好听的哦！（图2）

图2

教师思考

通过不同的乐器合奏引出活动主题，让孩子们感受不同乐器发出的声音，讨论不同声音带来的不同感受，激发孩子们的探究兴趣，进一步对身边的声音进行调查和分类。

探究二：乐音和噪音

有趣的声音、奇怪的声音、悦耳的声音给生活增添了许多乐趣。然而，无休止的声音、没有节奏的声音却令人生厌。哪些是你喜欢的乐音，哪些又是令你不舒服的噪音呢？

我们和爸爸、妈妈一起进行了调查……

你发现了哪些好听的声音呢？你听了有什么感觉呢？

可儿：我喜欢钢琴和小提琴弹奏出的乐曲，还有优美动听的歌声，每次听到这些声音，我都想跳舞。

辰辰：小鸟"啾啾啾"、青蛙"呱呱呱"、雨滴"沙沙沙"，这些声音听起来让我感觉很舒服。

你发现了哪些噪音呢？面对这些噪音你有什么好办法吗？

小铭：我听到隔壁装修的声音，晚上我都睡不好觉。

佳音：吹风机的声音好大，吓得我赶紧把耳朵捂起来了。

澄霖：和哥哥吵架的时候，妈妈说我们的声音让她很头疼。

博浔：用吸尘器的时候，会盖住电视的声音，我都听不见动画片里在说什么了。

哲哲：楼上有人装修，白天我们可以出门去玩，晚上可以请爸爸、妈妈和邻居叔叔、阿姨商量一下，让我们可以睡个好觉。

一可：在用吹风机和吸尘器的时候，我们可以戴上耳塞，这样就听不见噪音啦！

言一：吵架的声音让人最不舒服了，有矛盾可以请爸爸、妈妈帮忙，吵架可不能解决问题哦。

乐音不只是我们常接触的音乐，只要是发音物体有规律地振动发出的声音，都称之为乐音。好听的乐音能够让人心情愉悦。噪音不仅会影响我们的心情，还会对我们的身体造成危害。所以我们一定要学会保护自己的小耳朵，远离生活中的噪音环境。

教师思考

通过调查，孩子们发现身边各种各样的声音，了解乐音和噪音的不同，分组讨论，分析声音对自己生活的影响以及噪音的危害。

探究三：声音的振动

在我们的生活中有这么多声音，那么声音是怎么产生的呢？

这是音叉，我们可以通过音叉感受声音的振动。（图3）

图3

振动的音叉在水里会有水波纹。（图4）

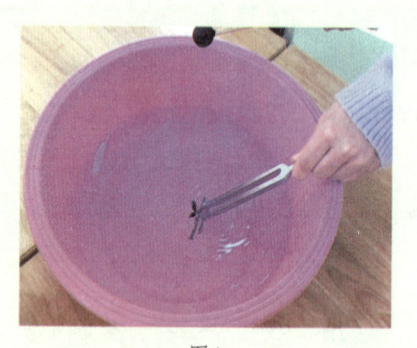

图4

摸一摸，原来我们发出声音的时候，喉咙也会振动。（图5）

图5

小实验：跳舞的盐粒

把盐洒在塑料袋上，大声地喊一喊，看看盐会有什么变化呢？看！盐粒在袋子上快乐地跳起了舞！

声音是由物体振动产生的声波，在物体振动的同时，声音也就产生了。我们在大声喊叫的时候，声波的振动让盐粒跳起了舞。

教师思考

通过振动实验了解声音的发生方式，让孩子们"看见"声音，感受声音的来源，直观地体验，多角度加深孩子们对声音的认知。

探究四：声音的传播

我们的声音除了在空气里传播，还可以在哪些地方听到呢？

听一听，三角铁在水里的声音有什么不一样吗？

咦，手指在桌子上刮，为什么趴在桌子上听得更清楚呢？

澄澄：三角铁在外面的声音比水里的声音大，而且更清脆。

家成：我坐直的时候几乎听不到手指在桌上刮的声音，但是把耳朵贴着桌子的时候听得很清楚。

传声筒游戏：和小伙伴说一说你的小秘密

你听到了什么小秘密呢？

子遇：我家有好多的奥特曼玩具，我最喜欢奥特曼了。

力力：我的牙齿有一个黑洞，妈妈说是我糖果吃多了。

声音是通过介质传播的。空气、水、固体是三种不同的介质，在这三种不同的介质中，声音传播的速度不同，相应的效果也会有一定的影响。（图6—图8）

图6 　　　　　　　　　　　　　图7

图8

教师思考

通过改变声音的传播途径，幼儿发现声音在空气、水、固体这三种介质中不同的传播效果。在游戏的愉快氛围中，孩子们进一步感受声音在不同环境下的变化。

探究五：声音制造工厂

小瓶子，装东西，摇来摇去真有趣。

瓶子里不同的东西发出的声音会有什么不同吗？

弘毅：我发现瓶子里装不同的东西，发出的声音大不相同。弹珠和围棋在瓶子里发出的声音很响亮，装软糖的瓶子的声音很轻。

如果瓶子里装同一种不同数量的物品，声音会有什么变化呢？

最少绿豆的瓶子发出的声音最大，绿豆越多，声音越小。如果把绿豆装满整个瓶子，再大力摇晃，也没有声音了。

游戏：音乐杯

不同水位的杯子发出的声音也不一样。

晨曦：我用棍子敲击杯子的底部和中部，声音是不一样的，敲底部的声音低，敲中间的声音高。

沈昕：我发现杯子里的水多，敲出来的声音低，杯子里的水少，敲的声音脆脆的，很好听。

通过玩音乐杯游戏，孩子们对声音有了进一步的了解，发现杯子里的水位与敲击声音之间的关系，并产生了对杯子里材料量的变化与声音关系的探究兴趣，乐于继续探究。（图9—图11）

图9

图10

图11

教师思考

孩子们用豆子、硬币、硬糖、软糖、玻璃杯等不同材质的物体制造声音，通过更改物体的数量，从而发现声音的变化，探究材料数量和声音的关系。

探究六：声音游园会

游戏：打电话

两个小娃娃呀，

正在打电话呀，

喂喂喂！

你在哪里哟，

哎哎哎！

我在幼儿园。

通过制作"电话"，玩"打电话"游戏，提高了幼儿的动手能力，知道声音是可以传递的，同时培养了幼儿与同伴合作的能力。（图12）

图12

游戏：快乐传真

看一看、动一动、猜一猜，最后的答案对了吗？

不能用声音传递信息，你是什么感觉呢？

珺丰：原来两个字就能传递的信息用动作来表示，会这么麻烦。

没有声音，我们和小伙伴交流都变得很费劲。

通过快乐传真游戏，让幼儿意识到声音在传递信息时的重要性，感受声音在生活中的趣味性和用处。（图13—图14）

图13

图14

教师思考

教师思考：通过"打电话"游戏，幼儿感受声音在不同材料中的传递效果的不同。在"快乐传真"游戏中，对比用肢体和声音传递信息的效率，孩子们认识到声音在生活中的重要性。

六、活动完成感悟

无论是自然界，还是人类，都离不开声音。森林中鸟语虫鸣，草原上风声呼啸，海洋里浪涛怒吼，工厂里机器轰鸣，山间小溪流水潺潺……可以说自然界和人类生活周围是一个声音的世界。

声音在我们的生活中无处不在，但声音的产生和传播又十分抽象，本次活动根据小班幼儿的年龄特点，设计了一系列活动，将抽象的声音通过不同的物体直观地呈现在孩子们的面前。

声音对人们具有十分重要的作用，但是正像任何事物都必须有一定限度一样，声音也必须有"度"。如果声音过大，持续时间过长，超过一定限度，就会成为干扰人们学习、工作、生活的噪声。本次活动从感知声音的多样性出发，记录乐音和噪音对人们的生活的影响，让孩子们关注到生活中的点点滴滴，通过有趣的实验，发现声音产生的原因，探究声音传播的途径，意识到声音在生活中的重要意义，人们通过声音传递语言、交流思想。

　　在日常生活中，千奇百怪、无处不在的声音对于孩子来说是十分熟悉和感兴趣的，然而孩子对声音的了解还停留在听的表层，因此进一步引导孩子们探索声音的秘密之一，体验探索的乐趣，敢于表达自己的经验与想法有着十分重要的意义。《幼儿园教育指导纲要》中指出：科学教育应密切联系幼儿的实际生活进行，利用身边的事物与现象作为科学探索的对象。我选择的"奇妙的声音"这一活动主题也正体现了科学活动生活化的原则。让孩子在玩中学，学中做，对声音的认知逐渐丰富，探究能力初步形成，记录能力有所提高，而孩子对于声音的探究仍在继续……

（本案例由小三班杜慧敏老师提供）

一沙一世界

一、活动兴趣来源

图1

图2

　　午后散步时间，孩子们漫步在幼儿园的操场上，路过沙池时，一冉大声喊道："哇，我看到了沙子。"大家眼睛一亮，兴奋的表情溢于脸上，有的偷偷弯下腰，摸摸散落在沙池周围的散沙，有的小眼睛一直注视着沙池……幼儿园的一方沙池成了孩子们的焦点。（图1—图2）

二、活动前期思考

　　小班上学期的孩子具有强烈的好奇心，他们的认知很大程度上依赖于行动，对沙子的认知更多地倾向于玩中感知，玩中了解。《指南》中指出，应经常带幼儿接触大自然，激发其好奇心与探究的欲望，真诚地接纳、多方面支持和鼓励幼儿的探索行为，于是，一场关于沙子的谈话开始了。

三、活动研究目标

（1）知道沙子有多种玩法。

（2）在堆沙堡的过程中感知干沙、湿沙的特点，能够说说堆沙堡的过程。

（3）体验玩沙子的乐趣，萌发审美的能力。

四、活动思维导图

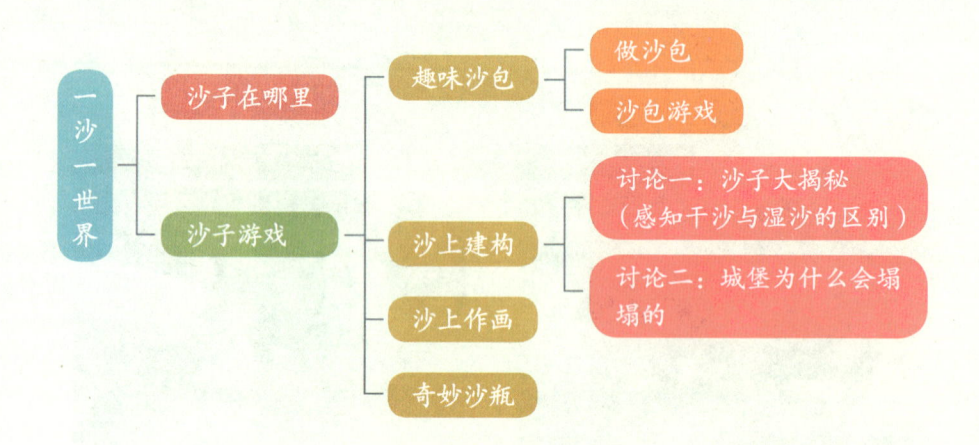

一沙一世界
- 沙子在哪里
- 沙子游戏
  - 趣味沙包
    - 做沙包
    - 沙包游戏
  - 沙上建构
    - 讨论一：沙子大揭秘（感知干沙与湿沙的区别）
    - 讨论二：城堡为什么会塌塌的
  - 沙上作画
  - 奇妙沙瓶

五、活动探究

探究一：沙子在哪里

你们在生活中见过沙子吗？在哪里见到的沙子呢？

正杰：我在海韵沙滩看到了沙子。

佳霖：我在庐山四季花城看到了粉色的沙子。

彦匀：我在滑梯那里看到了沙子。

与同：我婆婆家旁边有个体育馆，体育馆那里有一点点干干的沙子，妈妈还带我去装了沙子。

楚熙：我在老家门口看到了沙子。

子夜：我在马路旁边的工地上看到过沙子。

子恒：我在保安亭那里看到过沙子。

斯雨：沙子在袋子里。

——原来，沙子就在我们的身边，随处可见的沙子有什么作用呢？

能博：把沙子装进桶里再倒出来，我玩过这个游戏。

相宜：沙子可以用来建房子。

翊恒：我在益智区看到装有豆子的瓶子，沙子应该也可以放在瓶子里，发出声音。

子夜：我想用沙子搭一个高高的、大大的城堡。

沂清：我在都昌老家看到哥哥、姐姐在玩沙包。

沙子的用处非常多，建筑时少不了它。与沙子有关的游戏有很多，孩子们又会与沙子摩擦出什么火花呢？

探究二：沙子游戏

游戏一：趣味沙包

沙包是一种民间的传统游戏，孩子们对玩沙包有着浓厚的兴趣。

1. 做沙包

一起来看看孩子们和家人一起制作沙包的精彩瞬间吧！（图3—图4）

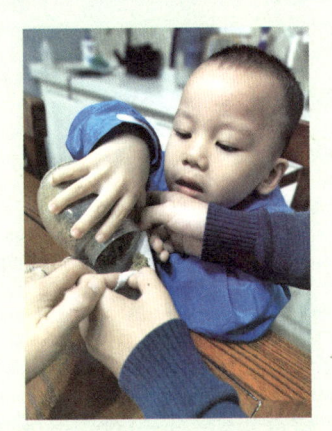

图3　　　　　　　　图4

一针一线、一言一语，家长们在制作沙包的过程中和孩子们讲述着自己与沙包的故事，通过父母与孩子的双向表达，民间传统游戏的玩法就此得以

传承。（图5）

图5

——当孩子们拿着沙包入园后，他们和同伴们都说了些什么呢？

沂清：这是我奶奶做的，在都昌老家给我做的沙包。

萧北：妈妈给我做了一个小熊的沙包，还在沙包里放了口罩。

楚熙：沙包是我和爸爸一起做的。

彦匀：我的沙包是妈妈做的。

翊恒：老师、老师，我的沙包好看吗？你知道是用什么做的吗？（袜子）

小小沙包，可可爱爱。在物质日益充裕的今天，家长们一针一线、亲手制作的沙包更为珍贵。

2. 沙包游戏

——沙包有哪些玩法呢？

相宜：可以把沙包丢到框框里。

天星：我在操场看到哥哥、姐姐们往上抛球，我们也可以把沙包往上抛。

子恒：用手把沙包扔得远远的。

季尧：还可以玩踢沙包游戏。

彦匀：带着沙包一起玩跳房子的游戏。

在孩子们的眼中，小巧又轻便的沙包玩法多种多样，于是，好玩的沙包游戏就此开始啦！

（1）投沙包

游戏规则：孩子们围成圆圈站着，手拿沙包，扔向投球器。（图6—图7）

图6

图7

瞧，孩子们在操场上挥斥方遒！在无数次的投沙包过程中，孩子们手臂的灵活性和上肢肌肉的力量得到了进一步锻炼。

（2）蚂蚁搬豆

游戏规则：创设蚂蚁搬豆的情境，请孩子们分为两队，扮演蚂蚁的角色，将豆子（沙包）放到背上，爬着送到河对岸，看哪队的速度最快。（图8—图10）

图8

图9

图10

小蚂蚁，来搬豆，为了保证粮食不掉下来，孩子们在爬行过程中注意力集中，随时针对沙包在背上的位置，灵活地变化着爬行动作。

（3）森林争霸赛

游戏规则：孩子们站在白线一侧，将沙包往前踢，看谁踢得最远。（图11）

图11

孩子们玩得可高兴了，笑容满面，有些孩子在踢沙包中还学会了助跑，棒棒的。

在愉快的沙包游戏中，孩子们全身各个部位的肌肉都动起来了，动作的灵活性、协调性、应变能力、手眼协调能力都有了发展。

游戏二：沙上建构

沙子对孩子们有着天然的吸引力，在前期的谈话中，孩子们提到想要搭城堡，于是，幼儿园的沙池有了这样的场景。（图12—图15）

图12

图13

图14

图15

楚熙：老师，你快看，这是我堆的小山。

沂清：老师，这是我用小桶做的小城堡。

修弘：快来看，我的车上装满了沙子。

相宜：为什么我用沙子搭不出来城堡？

发现：同样是沙子，为什么有的孩子把城堡搭出来了，而有的孩子却失败了呢？在你一言我一语中，孩子们发现沂清和相宜搭城堡所用的沙子竟然不一样！

于是，一场关于沙子的探秘活动就开始了。

讨论一：沙子大揭秘

图16

图17 　　　　　　　　　图18

（图16—图18）大家一起来看看沙子，你发现了什么？

天星：有的沙子看起来有点黄，有的沙子是黑色的。

斯雨：有的沙子摸起来是冰冰的。

姈熙：它摸起来干干的。

原来，沙子分为两种：一种是湿沙，一种是干沙，将干沙中加入一些水，就变成了湿沙。

干沙和湿沙有什么不同呢？（图19—图21）

图19　　　　　　　　　　　图20

图21

通过观察，孩子们知道了湿沙在模具中可以成型，但是干沙却不能成型。如果想要搭城堡，应该使用湿沙。

讨论二：城堡为什么会塌塌的

解决了干沙搭不了城堡的问题，孩子们又开启了沙上建构之旅。（图22）

图22

妗熙：城堡怎么还是塌塌的？

——大家都在用湿沙搭城堡，为什么会出现这样的情况呢？

茉语：因为没有按平。

与同：没有把沙子压紧。

沛瑾：因为有人踩到了。

孩子们在你一言我一语中猜测着沙堡倒塌的原因，孩子们在尽力地猜测、回忆他们建筑沙堡的情境，思想的火花就此呈现。

——你有什么搭城堡的好方法吗？

茉语：要用沙铲拍一拍，这样就会更结实一些。

佳霖：还要用手压一压。

楚熙：把模具放在地上的时候要快一些，不然模具里面的沙子会倒。

天星：从模具里面把沙子倒出来的时候要慢一些，因为里面的沙子太多了。（图23—图28）

图23

图24

图25

图26

图27　　　　　　　　　　图28

不积跬步，无以至千里，在头脑风暴中，众多智多星的经验分享就此呈现，孩子们了解了沙堡落地之前速度要快，把沙堡从模具中分离的时候要慢一些。集合大家的力量，瞧，我们的城堡搭好了，五彩斑斓的城堡看起来是不是特别漂亮！

孩子们不断地发现问题，并且尝试说出自己的问题，表现出了积极主动、发散创造的思维品质，实际操作、亲身体验、间接经验的获得使得孩子们的搭城堡经验得以内化，在一次又一次的实践中，孩子们终于成功了！

游戏三：沙上作画

一掬细沙，一双妙手，就可在瞬间呈现出各种美妙的图案。（图29）

图29

茉语：我看过宝石，所以我要画宝石。

珂玥：我要画一颗爱心。

佳霖：我想在粉色的沙子上画画。

天星：我想画一朵花，有花瓣的花。

铭睿：我要画一只鸭子。

在欣赏各种沙画故事的基础上，孩子们开始尝试在"沙"这种特殊的纸上进行创作。（图30—图31）

图30

图31

将沙子与艺术相结合，既能提升孩子们对美的感受，还能为孩子们创设大胆表现、自由创造、充分尝试的机会，孩子在边画边说中，释放了自己的情感，体验了沙画带来的乐趣。

游戏四：奇妙沙瓶

沂清：老师，你听，沙包会发出"沙沙沙"的声音。

怎样才能听见"沙沙"声呢？

沛瑜：我把沙子装在瓶子里，一摇就有声音。

正杰：一直摇瓶子就会一直有声音。

瞧！孩子们正拿着装有沙子的瓶子，欣赏着沙子在瓶子中碰撞发出的"沙沙沙"的声音。

打击乐在生活中无处不在、触手可及，孩子们在生活中发现沙子也可以作为打击节奏的材料，这样的韵律活动充满了无限的乐趣。

六、活动完成感悟

沙子作为一种自然材料，蕴含着无限的创造空间，在沙子世界，孩子们体验了沙包、沙上建构等活动带来的满足感；感知了干沙与湿沙的奥妙；由"沙"延伸出来的沙画、摇一摇可以发出美妙声音的沙瓶，它们在潜移默化中提升了孩子们感知美的能力，激发了孩子们探索大自然的兴趣。

与沙子有关的游戏与探究活动还有很多，但因小班孩子的年龄特点、生活经验的缺乏，在开展本次班本化活动中，有很多游戏，尤其是探究活动受到了一定的掣肘。在趣味沙包游戏中，除了"投沙包""蚂蚁搬豆""森林争霸赛"这三个游戏，还可以怎么玩？在沙上建构游戏中，干沙与湿沙有什么区别？你还有哪些堆沙堡的好方法？孩子们只能浅显地说出干沙与湿沙在视觉上的区别，忽视了在触觉上的不同。尽管孩子们能初步掌握堆沙堡的方式，但因表达能力的制约，孩子们在分享的时候只能依靠简单的语言与肢体动作进行描述。在沙上作画游戏中，孩子们喜欢在沙盘上重复同一绘画内容。在奇妙沙瓶游戏中，孩子们跟随着音乐摇动沙瓶，虽然对他们的节奏感具有一定的挑战，但作为小班的孩子，感受与体验才是最重要也是最有价值的。

"一沙一世界"这一班本化活动至此就结束了，回首与孩子们围绕着沙子开展的各种游戏活动，由刚开始担心孩子入园仅两个月是否能将活动顺利开展下去至班本化活动顺利落下帷幕，在活动推进的过程中，我的忐忑心理逐渐有了转变，孩子们在沙池中涌现的点点心流让我难忘。我相信，那些与沙子"共舞"的日子，将如涓涓细流一样于无声无息中汇成大海，于点点星光中点亮孩子们记忆中的银河。

好的活动，滋养着孩子，也滋养着老师。

与沙子的游戏还在持续地进行着……老师们追随孩子们的脚步也永不停歇。我们将和孩子们一起去发现、创造更多的精彩！

（本案例由小三班崔思梦老师提供）

瓶罐大世界

一、活动兴趣来源

瓶瓶罐罐是小朋友们日常生活中经常见到的东西，小班孩子天生对各种瓶罐充满强烈的好奇心和求知欲，喜欢探索瓶罐的外形特征，并尝试着打开盖子，瞧一瞧，里面藏着什么；还喜欢滚一滚瓶罐，快乐地和它追逐、奔跑。瓶罐成为孩子们手中最有趣的玩具，百玩不厌，其乐无穷！请跟随我们小二班的小朋友们一起探索瓶罐的世界吧！

二、活动前期思考

孩子对生活中的瓶瓶罐罐有一定的认识和生活经验，但认知层面比较浅显，经验比较零散，通过本次主题活动，可以引导孩子在操作实践中探究瓶罐的各种秘密，发现和探究身边事物的乐趣。"瓶罐大世界"主题从孩子们的兴趣出发，围绕收集、探索、改造等方面，教师与孩子、家长共同收集材料、创设环境，引导家长与孩子共同参与主题，组织丰富有趣的活动，在不同活动区通过美术制作、动手操作等形式，鼓励孩子自主探究，在游戏中学习，在快乐中学习，从而了解瓶罐的不同用途和相关知识。

三、活动研究目标

（1）了解生活中常见瓶罐的外形特征和基本用途。
（2）在操作实践中探究瓶罐的各种秘密，大胆与同伴交流自己的发现。

（3）能够创造性地使用各种材料，对瓶子进行装饰，发现生活中的美。

（4）能够利用瓶罐的特性进行跳跃、翻转、爬行等多种体育活动，增强身体的协调性和灵敏性。

四、活动思维导图

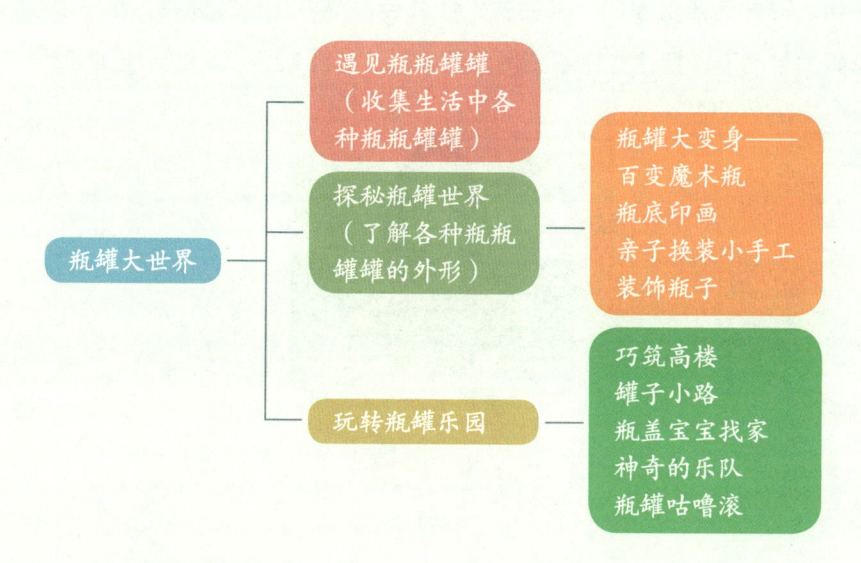

瓶罐大世界
- 遇见瓶瓶罐罐（收集生活中各种瓶瓶罐罐）
- 探秘瓶罐世界（了解各种瓶瓶罐罐的外形）
  - 瓶罐大变身——百变魔术瓶
  - 瓶底印画
  - 亲子换装小手工
  - 装饰瓶子
- 玩转瓶罐乐园
  - 巧筑高楼
  - 罐子小路
  - 瓶盖宝宝找家
  - 神奇的乐队
  - 瓶罐咕噜滚

五、活动探究

探究一：遇见瓶瓶罐罐

我们和爸爸妈妈一起收集生活中的瓶瓶罐罐：有矿泉水瓶、奶粉罐、饮料瓶，等等，它们有着不同的外形，有圆圆的、扁扁的、高高的、矮矮的、胖胖的、瘦瘦的……我们还会帮它们洗澡呢，把它们洗得干干净净的，再来和我们一起做游戏哦！

教师思考

家长是我们最好的合作伙伴，此次活动需要收集各种形状的瓶罐，发动家长和孩子一起收集，不但能让探究材料更加丰富，同时，也促进了家长和孩子的和谐亲子关系。我们还要注意这些材料的卫生安全性，所以我请家长和幼儿一起把这些瓶罐清洗干净，在清洗瓶罐的过程中，也培养了孩子们的劳动意识。

探究二：探秘瓶罐世界

小朋友们围绕收集的瓶瓶罐罐的外形，展开了激烈地讨论。

1. 瓶罐大变身——百变魔术瓶

孩子们都是想法奇特的魔术师，让生活中不起眼的小角色变成一个个生活小主角。究竟这些普通的瓶罐会发生什么神奇的事儿呢？你看，小朋友们在爸爸妈妈的帮助下，把这些瓶罐变得多姿多彩。（图1）

图1

2. 瓶底印画

小朋友们都知道鞋底有不同的花纹，其实瓶底也有好看的花纹。小朋友们拿起瓶底蘸上颜料，一起创作绘画，没过一会儿，一朵朵漂亮的花朵就出来了。（图2）

图2

3. 亲子换装小手工

喝完矿泉水的瓶子不要扔，可以和爸爸、妈妈一起做换装小手工。是不是很有趣呀？（图3）

图3

4. 装饰瓶子

废旧的瓶子有的变形了，有的变得不好看了，看小朋友们正在用灵巧的双手给瓶子宝宝换上漂亮的新衣服呢！（图4）

图4

教师思考

孩子们对这些不同的形状、不同的材质的瓶瓶罐罐产生了极大的兴趣，并投身于瓶罐世界的探索。但是材料准备是否越多越好呢？事实告诉我，一些孩子盲目选择材料，希望把所有的材料都用上，出现了"画蛇添足"的现象。今后在如何投放材料上，我还需要进行思考，如将同类的材料进行分类、逐步投放材料等。

探究三：玩转瓶罐乐园

生活中的瓶瓶罐罐可真多呀！小朋友们纷纷带来了很多不同的瓶瓶罐罐，在游戏中与瓶瓶罐罐一起进行亲密的互动。

游戏一：巧筑高楼（图5）

图5

小小的瓶罐也可以搭建出高楼。

游戏二：罐子小路（图6）

图6

生活中有石头小路、沙子小路，我们一起来搭一条罐子小路吧！把几个罐子合在一起，这样我们就不会摔倒了，还可以把双臂打开，让身体保持平衡。

游戏三：瓶盖宝宝找家

小瓶盖在玩游戏的时候不小心把自己的帽子弄丢了，这位小朋友正在帮助它们找帽子呢！（图7）

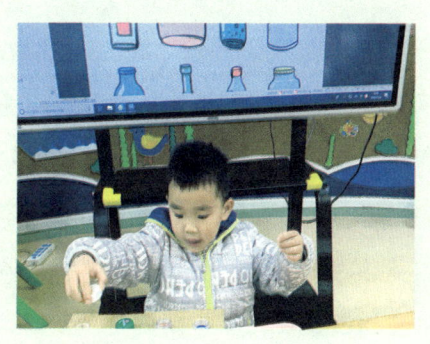

图7

游戏四：神奇的乐队

小朋友，你们发现了吗？敲击瓶罐的不同地方就会发出不一样的声响，合在一起就好像鼓乐队在演奏美妙的音乐！

打击乐器演奏是幼儿园音乐教学的内容之一，它不仅能够帮助孩子们初步掌握乐器演奏技能，还能够发展孩子们对音乐的节奏感。听，孩子们正利用废旧的奶粉罐来参加一场乐器演奏呢！

游戏五：瓶罐咕噜滚

"咦！为什么我的瓶子不能滚动呢？""老师、老师，为什么我的瓶罐不能滚动？"原来，仔细观察瓶罐宝宝的身体，能滚动的瓶罐宝宝身体是圆圆的，方形的和有棱角的瓶罐宝宝是不能滚动的。走，我们去操场的坡道上试试吧！

教师思考

引导孩子和瓶罐宝宝做各种游戏，启发孩子运用已有的知识经验，解决在活动过程中遇到的问题，鼓励孩子乐于参与操作、游戏活动。教师应为孩子探究创设宽松的环境，让每个孩子都有机会参与尝试，支持、鼓励孩子大胆提出问题，发表不同的意见，让孩子用多种方式表达、交流、分享探索的过程和结果。

六、活动完成感悟

不看不知道，瓶子真奇妙。在日常生活中，我们会接触到各种各样的瓶瓶罐罐，用完之后就被我们抛弃了，却常常看到它们被有些孩子如获至宝般捡回来。他们喜欢敲一敲、碰一碰、摇一摇、滚一滚各种各样的瓶瓶罐罐。瓶瓶罐罐是一个无比神奇的世界，形状、颜色、质地以及用途不一的瓶瓶罐罐深深吸引着孩子。可见，瓶瓶罐罐是孩子们的兴趣所在，这对孩子来说都是一种发现。利用孩子在生活中常见的事物来开展活动，以此提高孩子学习探究的兴趣。

这个主题活动的内容非常生活化、游戏化，很容易调动孩子已有的生活经验。通过和瓶瓶罐罐的多通道交互、多方面参与，丰富孩子对于主题内容的认识，帮助孩子拓展相关的经验和视野，提高孩子学习探索的欲望。同时将环保融入其中，更好地挖掘了瓶瓶罐罐的教育价值。把那些本不起眼的瓶瓶罐罐打扮得漂漂亮亮，和各种各样的瓶瓶罐罐做游戏。希望在此过程中，孩子们能有更多的动手操作与表达的机会，产生探究的欲望，并在此过程中体验发现、创造的乐趣。

孩子们在这次活动中，收集、利用、改造、组合、制作瓶瓶罐罐，以瓶瓶罐罐为载体进行互动游戏，感知、畅游瓶瓶罐罐的动感世界，不断提升动手、动脑能力，也获得了发现和探究身边事物的乐趣。而我们也将在探究之路上不断前行。（图8）

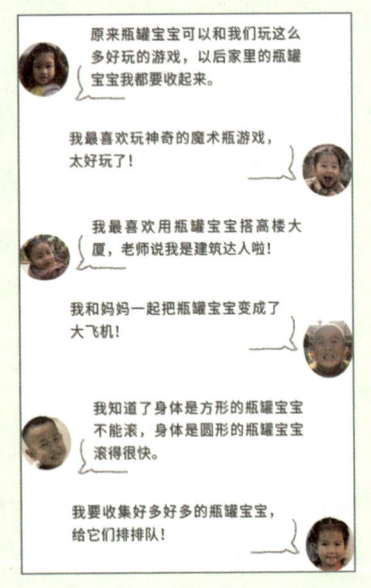

图8

（本案例由八里湖园区小二班季颖老师提供）

中班

畅游平衡世界

一、活动兴趣来源

幼儿园的万象组合爬梯非常受孩子们的欢迎，富有趣味性，又有很强的挑战性。在玩的过程中，也出现了一些比较有趣的现象，如同样一段平衡木，孩子们的"通关"方法各不相同……（图1—图2）

图1　　　　　　　　　　　图2

关于怎么过平衡木这个事儿，孩子们展开了激烈地讨论……

冉冉：这个平衡木摇摇晃晃的，我是爬过去的，这样感觉安全点，不会掉下去。

涵涵：张开双手，保持平衡就可以走过去了。

慧慧：第一次走我感觉有点害怕，后来玩了好几次就不害怕了。

为什么小朋友过平衡木的感觉不一样呢？其中的奥秘究竟是什么呢？由此引入，中三班的孩子们开启了一场关于"平衡"的探秘之旅……

二、活动前期思考

在生活中，孩子们经常会遇到平衡的现象和关于平衡的玩具，如跷跷板、不倒翁、走独木桥等，孩子们对平衡所带来的现象和依据平衡原理而来的玩具非常感兴趣。

儿童心理学家皮亚杰说过："儿童就是科学家。"他们是天生的探究者，从出生开始就在不断地探究世界，建构自己的知识。孩子们的科学探究是引导孩子们发现问题、解决问题，获得知识经验，体验活动中的乐趣。《幼儿园教育指导纲要》中也指出："在活动中，教师更多的是培养幼儿对知识的主动探究能力，而不仅仅是技能的传授。"在此次开展的"平衡世界"活动中，孩子们的科学探究兴趣得到提高，他们在看看、听听、玩玩、想想、做做的活动中学会思考，学会探究，这是比单纯得到操作结果更加难能可贵的。

三、活动研究目标

（1）对参与探索平衡现象感兴趣，感受平衡带来的快乐，积累平衡的有益经验。

（2）能感受平衡，发展身体的协调性，提高动手操作能力及科学探索、比较能力。

（3）利用提供的辅助材料进行动手操作活动，感知物体的平衡现象。大胆地用语言来表达自己在操作中的感受，体验探究成功的快乐。

四、活动思维导图

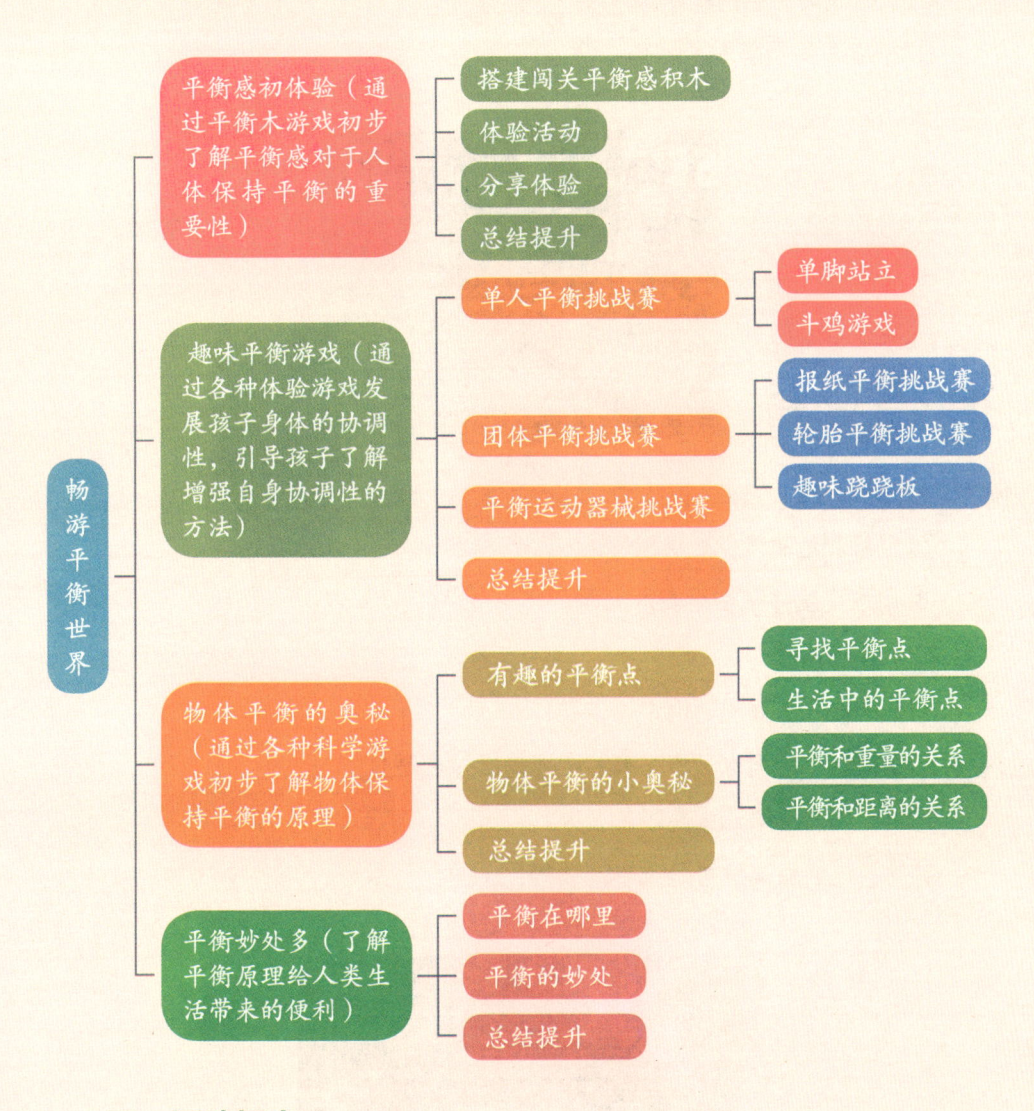

畅游平衡世界
- 平衡感初体验（通过平衡木游戏初步了解平衡感对于人体保持平衡的重要性）
  - 搭建闯关平衡感积木
  - 体验活动
  - 分享体验
  - 总结提升
- 趣味平衡游戏（通过各种体验游戏发展孩子身体的协调性，引导孩子了解增强自身协调性的方法）
  - 单人平衡挑战赛
    - 单脚站立
    - 斗鸡游戏
  - 团体平衡挑战赛
    - 报纸平衡挑战赛
    - 轮胎平衡挑战赛
    - 趣味跷跷板
  - 平衡运动器械挑战赛
  - 总结提升
- 物体平衡的奥秘（通过各种科学游戏初步了解物体保持平衡的原理）
  - 有趣的平衡点
    - 寻找平衡点
    - 生活中的平衡点
  - 物体平衡的小奥秘
    - 平衡和重量的关系
    - 平衡和距离的关系
  - 总结提升
- 平衡妙处多（了解平衡原理给人类生活带来的便利）
  - 平衡在哪里
  - 平衡的妙处
  - 总结提升

五、活动探究

探究一：平衡感初体验

身体的平衡感：平衡感是我们身体一种至关重要的感觉，这种平衡感能让我们保持身体的平衡和稳定。

那你觉得自己的平衡感好吗？每个人的平衡感一样吗？平衡感和什么有关呢？

为了寻找答案,我们开启了平衡感闯关体验。

(1) 搭建闯关平衡感积木

① 搭建闯关平衡木(图3)。

图3

② 仔细测量高度。

③ 记录高度并贴在平衡木上面。

(2) 体验活动

劭劭:张开手臂稳稳地走过去啦!

涵涵:这个平衡木又窄又高,我还是爬过去吧!

梓君:脚有点抖,太高了怎么办?

铭铭:这么点高度可是难不倒我的!(图4)

图4

（3）分享体验

慧慧：前面的两个平衡木，一点都不难，我都是跑过去的，但第三个有点高，我慢慢地蹲下去挪过去，最后一个就是跨在平衡木上，慢慢地挪过去。

茜茜：平衡木越来越高，但是我也不害怕，很轻易就通过去了，我的平衡感肯定特别好。

（4）总结提升

我们的发现：

① 平衡感是一种至关重要的感觉，它为我们的身体直立行走、跑、跳等动作提供必要的稳定性。

② 平衡感不是人人一样，存在差异性。

③ 平衡感是可以通过一些平衡锻炼得到加强的。

④ 蹲下身子比站起来感觉安全，是因为重心越高，身体的稳定性越差，相反则越好。

⑤ 当身体不能保持平衡时，平衡感会触发我们身体的保护本能。

在幼儿园里，孩子们经常会玩各种器械搭建的"独木桥"游戏，而本次探索通过搭建不同高度、不同宽度的独木桥，孩子们更直接地体验了在不同的高度上行走的感受，让"平衡感"这个看不见、摸不着的东西通过探索、体验中变得更为具体。

探究二：趣味平衡游戏

游戏是孩子们接触事物、了解事物最好的途径，孩子们对平衡游戏了解多少？他们玩过什么平衡游戏？最想玩哪种平衡游戏？一起和我们进入平衡游戏探索之旅吧！

（1）单人平衡挑战赛

① 单脚站立

安安：单脚站立，看谁坚持最久。（图5）

图5

铭轩：双手打开，我能保持平衡。

爱宝：闭上眼睛，大家别打扰我，我要坚持到最后！

小柯：不行啦，要倒了，快扶住我。

为什么单脚站立身体会晃动呢？而双脚站立却会稳稳地呢？

② 斗鸡游戏

尚进：一只脚站立，另一只脚用手抬起来，比一比谁能坚持到最后？（图6）

图6

梓铭：哈哈，我会保持平衡，看我的厉害！

梵齐：来吧，一起快乐地撞撞撞……

爱宝：坚持不住，败下阵来啦！

（2）团体平衡挑战赛

① 报纸平衡挑战赛

团队成员要全部站在报纸上才算挑战成功。

茜茜：哈哈，第一关完全没有难度，顺利过关！（图7）

图7

报纸变小一半，看我们怎么挑战成功。

涵涵：抱起来，坚持就是胜利！

梵齐：把脚尖踮起来，是不是很厉害，千万别倒呀！

茜茜：我还没上来呢，怎么就倒了呀？

燕欧：一挤上去就很难保持平衡，这一关太难了。

② 轮胎平衡挑战赛（图8）

图8

豆豆：两个人站在轮胎上比较容易保持平衡哦，我们都挑战成功啦！

涵涵：我们挑战了6个人站在轮胎上，顺利过关，是不是很厉害！

③ 趣味跷跷板

劭劭：老师，我在我们小区玩过跷跷板，我妈妈说那也是需要保持平衡的游戏。

小橙子：老师，我们幼儿园有没有跷跷板呢？我也想玩跷跷板哦！

教师：当然可以呀，你们觉得幼儿园户外器械中哪些东西可以组成一个跷跷板呢？一起去想一想吧！

辰睿：我的跷跷板需要轮胎、梯子和椅子。看！这像不像跷跷板呢？

小鱼儿：我的跷跷板需要跳马，还有梯子。

教师：你们的想法真是太棒了，那我们一起去玩一玩吧！

小柯：一个轮胎太矮了，翘不动呀，看我的，加一个跳马底座，翘起来了呀！（图9）

图9

祺祺：坐在中间也翘不起来，一定要坐在两端，一上一下可开心啦！（图10）

图10

（3）平衡运动器械挑战赛

平衡运动怎么少得了各种各样的平衡器械呢？周日，孩子们在家中玩起了各类平衡游戏：滑板车、轮滑、平衡车……大家在群里分享着自己玩的平衡器械。

欢喜：老师，茜茜的轮滑鞋滑起来超级酷，我也很想玩呢！

茜茜：那我明天带过来借给你玩一下呀！（图11）

图11

慧慧：骑滑板车的时候，我的脚一点都不抖，可是在玩轮滑鞋的时候，我都保持不了平衡，我感觉我的脚一直在发抖呢！

妍妍：滑板车我可擅长了，我的速度超级快。

（4）总结提升

我们的发现：

① 双脚站立要比单脚站立能更好地让我们的身体保持平衡。

② 平衡力是所有运动的基础，良好的平衡力有助于健身的正常进行。

③ 经常运动可以提升我们的平衡能力，可以减少运动损伤。

④ 团队游戏需要各个成员之间的默契配合。

游戏是孩子们探索的最主要的形式，通过各种有关平衡的游戏，孩子们积极主动解决问题，相互帮助，与此同时，我也发现孩子们已具备了初步的安全和合作意识，也具备了发现问题和解决问题的能力，教师的耐心观察同时也给予孩子们充分的探索空间和时间。

探究三：物体平衡的奥秘

（1）有趣的平衡点

梓铭：老师，你看，我的积木都不会倒呢？是为什么呀？（图12）

图12

教师：小圆柱放的位置正好可以让上面的长积木保持平衡，这个位置就叫作平衡点，我们怎样才可以找到物体的平衡点呢？我们一起去试一试吧！

① 寻找平衡点

满满：细细的筷子竟然能撑住积木，好神奇呀！（图13）

图13

梓铭：看，我的盖子撑住了，都不会倒呢！

梵齐：小纸片也难不倒我！

小柯：平的纸片找不到平衡点，那我把纸折起来，找到平衡点啦！（图14）

图14

② 生活中的平衡点

爱宝：身体支撑，找到平衡点，你们也来试一试吧！（图15）

图15

东东：原来家里许多的物品都可以找到平衡点呢！（图16）

图16

（2）物体平衡的小奥秘

最近班上的图书角新进了一本绘本《摇摇晃晃的桥》，于是每天都上演着各种各样精彩的故事……

"看起来有点像独木桥。"

"还有点像我们科学区的天平。"

"桥下面还有好多水，掉下去会被冲走的。"

"快看，狐狸和兔子跑上去了，他们会不会掉下去啊？"

"他们肯定能跑过去的！"

"桥斜过来了，他们要掉下去了，怎么办啊？"

"狐狸赶紧回去呀，不能往前走了。"

"狐狸太重了，这样也不行啊。"

孩子们有些着急，开始动脑筋想办法，帮助狐狸和兔子……

教师：故事里的狐狸比较重一点，兔子比较轻一点，那怎样才能让狐狸和兔子在桥上保持平衡，都不会掉下去呢？桥为什么会摇来摇去呢？快来看看我们找到的答案吧！

① 平衡和重量的关系

材料提供：天平若干，同等重量的砝码若干。（图17）

图17

拿起自己的工具，开启小组合作模式，一边实验，一边记录自己的实验结果。

梓铭：一边放两个砝码，天平是平衡的。

轩轩：两个砝码比一个砝码重一点儿，重的一边会往下沉。

实验结果分享时，每个人的记录方式各不相同，都有着自身的特点，但是有的记录方式也存在着小小的问题。

发现的问题

豆豆：这是我的记录，第1、2、4次都是这边比较重，第3次实验是一样重。

教师：但是你两边画得平平的，都是一样的呀。有什么方法可以让别人一眼就看得清你两边的不同呢？

豆豆：我可以把它们画得不一样高。

燕欧：老师，这个我也不明白哪边重？

教师：那你们发现哪里出了问题吗？

玥玥：天平上面的那个横梁是直直的，没有像这样断掉了。

再一次测量记录

画出准确的砝码数量。

用点点代替砝码的数量。

写上砝码数量的准确数字。

你们看，我们的记录虽然各不一样，但是越来越清晰地表达出我们的看法。

② 平衡和距离的关系

经过实验，我们发现越重的砝码就会让天平倾斜得越厉害，那还有什么办法让重的狐狸和轻的兔子在桥上保持平衡呢？

寻找材料，制作小桥

茜茜：我是用圆柱体和长条形积木做的小桥。

辰睿：可是我感觉上面的有点短，狐狸和兔子都站不下。

茜茜：找一根长一点的积木做小桥；找到小桥的中心点，将小桥分成六个部分，然后再加上狐狸和兔子。（图18—图19）

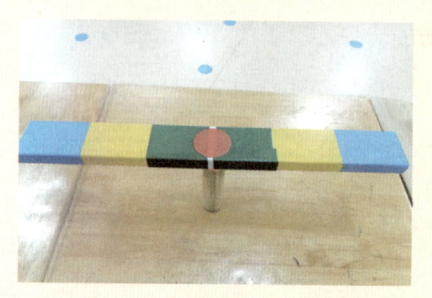

图18

图19

实验开始

涵涵：原来只要让"狐狸"向中间移动一点就可以了。（图20）

图20

教师：那如果兔子也移动了呢？

辰睿：兔子移动后，狐狸也要跟着移动，这样桥才不会倒哦。（图21）

图21

（3）总结提升

我们的发现：

① 游戏中物体是否保持平衡，主要取决于物体重心与支撑点的位置关系，当重心位置与平衡点保持一致时，整个物体将保持平衡状态。

② 天平两端的物品一样重时才能让天平保持平衡。

③ 天平两端的物体不一样重时，可以改变物体离中心点位置的距离，使物体保持平衡。

④ 体验探究的过程中需要有足够的耐心，只有不放弃，不断尝试才能成功。

孩子们的世界充满了对新事物的好奇和对自我的挑战，一次次的探索和一次次的实践激发了他们的创造力，他们在寻找答案的过程中，一步步地尝试。在一次次解决问题的过程中，孩子们获得了关于物体平衡的奥秘，更重要的是孩子们发现问题与解决问题的能力得到了提升。

探究四：平衡妙处多

了解到了关于许多平衡的小奥秘，其实在我们的生活中有很多平衡的物品，我们一起去找一找……

（1）平衡在哪里

原来我们的生活中有很多物品都用到了平衡原理。

（2）平衡的妙处

秤可以称东西。（图22）

图22

桌子可以用于吃饭写字。（图23）

图23

塔吊可以吊东西。（图24）

图24

（3）总结提升

我们的发现：

① 生活中许多的物品和现象都是保持平衡的一种状态。

② 物体平衡给我们的生活带来了很多的便利。

通过一系列的体验探究，孩子们体验到了什么是身体的平衡感，感受了平衡游戏带来的奇妙乐趣，了解了平衡蕴含的奥秘，知道了平衡在生活中的用处。当然平衡还有很多的秘密等待我们去发现，让我们保持好奇心，继续去发现藏在平衡中的奥秘……

六、活动完成感悟

纵观整个游戏过程，从晨锻的平衡木游戏开始，教师追随孩子的需要，开展了玩平衡器械、轮胎平衡挑战赛、跷跷板游戏等一系列有关平衡的游戏活动。《幼儿园教育指导纲要》中也指出："在活动中，教师更多的是培养幼儿对知识的主动探究能力，而不仅仅是技能的传授。"在由平衡游戏而展开的"平衡小实验"活动中，孩子们的科学探究兴趣得到了提高。教师侧重将科学探索、社会交往的教育目标落实到活动中。孩子们通过这些游戏，激发了探索的欲望，引发思考，解决问题的能力不断提高。他们在看看、听听、玩玩、想想、做做的活动中学会思考，学会探究，这是比单纯得到操作结果更加难能可贵的。同时，教师适时地介入游戏，不仅激发孩子继续游戏的兴趣，还能更好地把孩子出现的问题抛出来，让孩子自己发现探索，寻求答案。游戏分享时间，把照片呈现给孩子，通过进一步的观察、分享，总结经验，让孩子有进一步探索的欲望，更好地推动游戏的发展。

教师在活动中真诚地接纳和鼓励孩子的探究行为，激发了孩子持续的探究兴趣。发现孩子在游戏中偏移了自己规划的内容和计划时，教师要"沉住气"，不要盲目打断他们的游戏，要鼓励孩子的探究行为，不断尝试。当孩子在探索物体平衡奥秘的时候，教师应在一旁耐心观察，给予孩子充分的空间和时间，支持其探索，才能让孩子更好地进行创造性的游戏。

最后，游戏后，教师能做到及时反思，通过调整材料及课程，支持孩子进一步探索，也能引导孩子去回顾和反思游戏中遇到的问题，让孩子自己发现问题并集思广益解决问题，为孩子以后的探究行为积累经验。

（本案例由中三班占火红老师提供）

"纸"想见到你

一、活动兴趣来源

图1

图2

（图1—图2）在班上，孩子们在做"纸球投掷"游戏，在"纸球投掷"游戏中，孩子们对纸产生了浓厚的兴趣。其中一个孩子提出问题：

亦可：纸还可以做什么呢？

小卓：纸可以用来写字和画画。

姝妍：我知道纸还可以折飞机，还能飞上天。

景上：小鸟也可以用纸折出来。

对于"纸"，孩子们有许许多多的疑问和兴趣，因此，一场关于"纸"的探索自然而然地在班上开展了。带着这些问题，我们开启了对这些声音的一系列探索和研究……

二、活动前期思考

纸在生活中随处可见，各种纸及其纸制品不仅为孩子们所熟悉，更是他们游戏创作时的好伙伴。对于纸，孩子们有着许许多多的疑问和兴趣。因此，我想利用"纸"作为本次班本化活动的载体，丰富的材料和教师的进一步引导能够让孩子们在层层递进的活动中激发自己的探究兴趣，并在活动中感知、体验、积累有关纸的奥秘。

三、活动研究目标

（1）了解纸的种类，探索纸的用途及特征。

（2）知道纸的演变过程及制造过程，并尝试简单的制作。

（3）在提高探索能力及动手能力的同时，增进孩子与父母之间的亲情。

四、活动思维导图

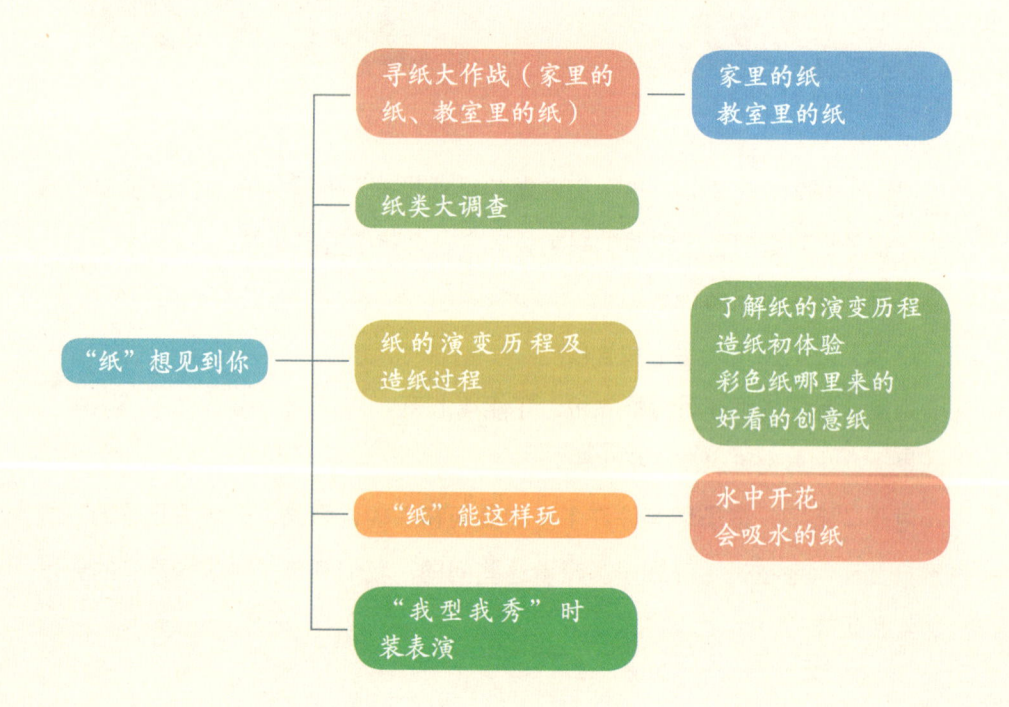

"纸"想见到你
- 寻纸大作战（家里的纸、教室里的纸） — 家里的纸 / 教室里的纸
- 纸类大调查
- 纸的演变历程及造纸过程 — 了解纸的演变历程 / 造纸初体验 / 彩色纸哪里来的 / 好看的创意纸
- "纸"能这样玩 — 水中开花 / 会吸水的纸
- "我型我秀"时装表演

五、活动探究

探究一：寻纸大作战

家里、教室里哪些物品是用纸做的呢？我们一起去找一找吧。

家里的纸（图3—图4）

图3

图4

泓宇：我家的一次性杯子是用纸做的。

小卓：奶奶用的人民币是用纸做的。

雨涵：买衣服的袋子也是用纸做的。

明悦：我家有用纸做的便签。

唐瑞：你瞧，我折的船是用纸做的。

教室里的纸（图5—图6）

图5

图6

德安：我们班床上贴的数字标签是用纸做的。

雨晨：图书柜里的"书宝宝"是用纸做的。

衍达：你看，教室墙上的牌子是用纸做的。

宏瑞：我们擦嘴的餐巾纸也是纸。

原来，在我们的日常生活中到处都有纸，关于纸的小知识，孩子们都了解吗？让我们去看看他们的调查吧！

教师思考

引导孩子们发现不同纸的用途和作用，一方面能够拓展孩子们对于纸的认知；另一方面为接下来"纸类大调查"做铺垫。本次活动是孩子们日常生活中能够接触到的，而对于其他时间或地点能够用得到的纸的类型，需要更进一步的了解。

探究二：纸类大调查

悦行：这个像瓦片一样的纸，可以做成纸箱装东西。

明悦：照片是用相纸打印出来的。

宏瑞：这个小狗是用折纸折的。

薪宇：我还认识卡纸，可以做手工。

通过寻找、观察、记录，孩子们知道了生活中有打印纸、餐巾纸、卡纸、瓦楞纸等。它们藏在我们生活中的每一个角落。通过这次的调查，孩子们还知道了这些纸的用途。这么多种类的纸，摸起来的感觉是一样的吗？一起来感受一下吧！

一起来触摸。（图7）

图7

姝妍：海绵纸摸起来软软的。

潇恩：卡纸摸起来硬硬的、厚厚的。

薪宇：这个像瓦片一样的纸，用指甲会划出声音。

绮舞：皱纹纸薄薄的，可以捏出皱纹来。

你知道吗？每种纸都有自己独特之处，他们的用途也不一样，并不能相互代替哦。

教师思考

孩子们通过多感官、多角度了解纸的外观、触觉、用途、类型及作用，知道人们会根据纸的不同性质，运用到不同的生活情境中去，激发孩子们的科学思维和探究能力。

探究三：纸的演变历程及造纸过程

孩子们对纸也有了一定的了解了，那么，新问题来了，在没有发明纸之前，人们都是用什么来进行记录的？生活中有这么多种类的纸，它们是怎么来的？孩子们带着对纸的疑问，去探究，去发现……

了解纸的演变历程

造纸方法发明之前，用龟甲、竹片、帛记录文字。（图8）

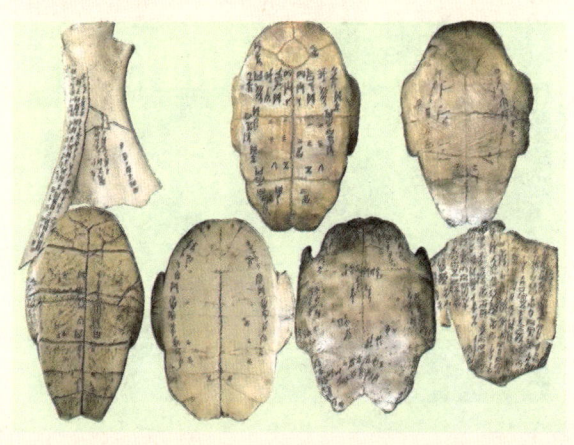

图8

西汉时代：用麻造纸。

东汉时代：改进造纸术，用稻草、破布等制造纸，其特点为轻便好用。

造纸初体验

教室里的"造纸"材料引起了孩子们的兴趣，大家跃跃欲试。因为"造纸"的步骤、程序较多，孩子们采用分工合作的形式进行尝试。

造纸需要的材料：我们准备了量杯、报纸、食用色素、搅拌器、勺子等材料。（图9）

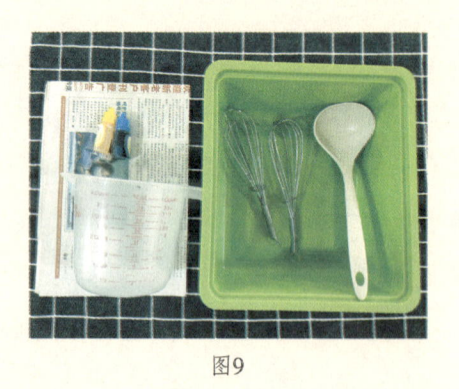

图9

（1）将报纸撕成小块。（图10）

图10

怎样才能让它们变成纸浆呢？

唐瑞：用手搓一搓试试。

家珹：用木棍搅拌。

誉默：用石头砸也可以呀。

小卓：用打蛋器搅拌。

（2）孩子们经过多次尝试，纸块终于变成纸浆了。（图11）

图11

（3）用纸框抄纸。（图12）

图12

（4）经过一天的晾晒，我们成功啦！（图13）

图13

彩色纸哪里来的

孩子们发现做的纸只有一种颜色，要是能再多点颜色就好了，可是用什么办法造出彩色纸呢？

纹嘉：可以用颜料染色。

歆唯：可以用水彩笔画成彩色的。

经过讨论，孩子们决定用食用色素进行染色。（图14—图18）

图14

图15 　　　　　　　　　　　图16

图17 　　　　　　　　　　　图18

纸晒干后发生了不可思议的事情，原来鲜艳的纸变得有深有浅，有的还变成了白色的，这也太奇怪了吧？是不是晾晒的时候太阳把颜色都吸走了？孩子们带着疑问，将一部分纸放在太阳下，一部分放在阴凉处，最后发现，真的是太阳的原因，阳光强的地方，纸的颜色就变浅了。

好看的创意纸

天气晴朗，孩子们每天都会在户外、草地上去造纸，孩子们一边玩，一边将草地上的叶子、小草捡起来，忍不住将它们一个个放进了纸浆里。瞧，花草树叶造出来的纸真的很好看。

（1）收集材料（图19）。

图19

（2）制作中（图20）。

图20

（3）我们的作品（图21—图22）。

图21 　　　　　　　　　　图22

教师思考

孩子们通过实践，亲历一个比较完整的造纸过程，同时懂得了纸张的来之不易，用起纸来也都小心翼翼。孩子们与纸之间的故事不会结束，有了这次的经历，相信孩子们一定会珍惜资源，节约用纸……

探究四："纸"能这样玩

小朋友们，纸在水里会发生什么变化呢？

游戏一：水中开花

我们准备了卡纸、彩纸、打印纸等折的花瓣及记录表、勾线笔等材料。（图23）

图23

我来试一试（图24—图25）。

图24 　　　　　图25

纹嘉：老师，我这个白色的花最先开，好漂亮啊！

淏加：用卡纸做的花好久都没有开。

艺烨：因为卡纸太厚了。

通过实验孩子们知道：纸张的主要成分是纤维素，这种物质相当亲水。当纸接触到水时，毛细作用会使水快速进入纸张纤维中将纸浸湿。纸张纤维吸水膨胀，这会使折痕逐渐展平，制造"开花"效果。不同厚度材质的纸张，开花速度会有差异。最薄的打印纸在水里最先开花，彩纸是第二个，最厚的卡纸最后开花。

游戏二：会吸水的纸

生活中有很多不同种类的纸，哪种纸吸水最快呢？

我们准备了卫生纸、报纸、彩纸和瓦楞纸。（图26）

图26

我来试一试（图27—图28）。

图27 　　　　　　　　　图28

我们观察发现，原来不同种类的纸，吸水性是不同的。卫生纸能挤出很多水，说明它的吸水量是最多的，卫生纸是吸水冠军。

教师思考

在游戏中，给孩子们创设自主探索的空间，让他们能够主动去观察、发现、感知、探索，在游戏过程中能够讲述自己的发现，从而在实践过程中转化为自身的知识经验。

探究五："我型我秀"时装表演

在爸爸、妈妈和老师的帮助下，孩子们即将开展一场关于"纸"的时装表演，一起来看看孩子们做了哪些准备吧。

（1）服装材料收集及制作。（图29—图30）

图29 　　　　图30

（2）一切准备就绪。（图31—图32）

图31 　　　　图32

一切准备好了，没有观众怎么办？

纹嘉：我们可以邀请其他班的小朋友来看我们的表演呀！

我们没有邀请函怎么邀请呢？

绮舞：我们可以自己做一张邀请函呀。

（3）邀请函的制作。

（4）邀请小伙伴来观看我们的表演。（图33）

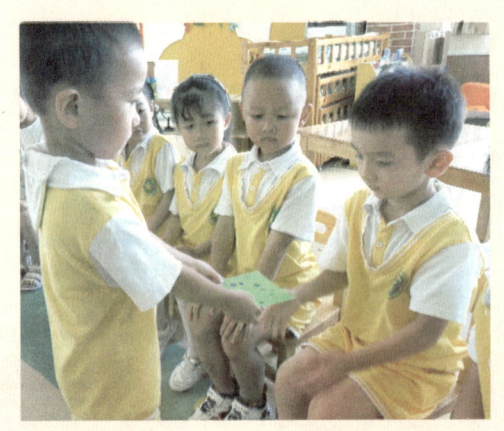

图33

（5）我们的时装秀。

在主持人的宣布下，"我型我秀"时装表演正式拉开帷幕。（图34）

图34

随着欢快的音乐响起，孩子们大胆自信地走上舞台。（图35—图37）

图35

图36

图37

小观众们响起阵阵掌声。（图38）

图38

短暂而精彩的时装秀表演在孩子们的欢声笑语中落下帷幕。（图39）

图39

教师思考

游戏是孩子最基本的活动，是孩子最基本的学习方式，也是孩子获得发展的最基本的途径。轻松有趣的玩纸活动，让孩子们在玩中学、学中玩的过程中感受纸的用途和趣味性，也潜移默化地提高了孩子们探索和动手的能力。

六、活动完成感悟

纸的发明与再创造使得人类的文明得以延续和发展，引导孩子了解纸的历史、用途、意义等有利于萌发孩子科学探索的精神和环保意识。本次班本化学习活动立足于孩子的生活经验。在活动中，我们引导孩子从周围环境中寻找有关纸的踪迹和用途，惊讶地发现把任务交给孩子们，他们会给大家很多出人意料的惊喜，孩子通过富有创意的发现打开了视野，丰富了对于纸的认知。

我们提供一些材料，引导孩子自己动手体验造纸的历程。还记得那是一个阳光明媚的上午，孩子们两两合作，一个负责加水，一个负责搅拌，配合得很好，看着孩子们都想要通过自己的双手把纸浆稀释的认真模样，汗水一滴一滴流在脸颊上也没有放弃，这让老师们很感动，感动孩子们持之以恒的努力。辛苦付出的同时，一张张漂亮的作品就是对孩子们最好的肯定。这次活动让孩子们深刻体验到纸的来之不易，也懂得了珍惜用纸。

　　孩子们了解到纸来之不易的同时，又感受到纸给我们生活带来了惊喜。在活动中，孩子和家长们一起寻找不同类型的纸，用他们灵巧的双手制作出一件件令人眼前一亮的服装，为大家呈现出一场精彩的时装表演。看到孩子们在舞台上充满自信地展示自己的作品，我更深刻地感受到源于生活、源于孩子的兴趣的亲身体验活动对其发展的重要性。促进孩子的探究欲不仅仅局限于这次活动，在今后活动中希望有更多形式、更多途径来支撑孩子的科学探究精神，让孩子真正做到畅玩、乐学。

（本案例由中一班唐煌煌提供）

我们都是追"光"者

一、活动兴趣来源

一粥一饭，当思来之不易；半丝半缕，恒念物力维艰。为"养成勤俭节约的良好美德，杜绝粮食浪费恶习"，开启了"光盘行动"。对于"光盘行动"，中二班的孩子们是怎么理解的呢？大家跟着他们的脚步快来看看吧！

楠楠：那是中间有个洞洞的碟子，当你要它唱歌的时候，把它放在一个盒子里面就行了！

思齐：把饭吃完，就是光盘。

就这样，我们和"光盘"来了一场探秘之旅。

二、活动前期思考

不浪费每一粒粮食，不辜负每一份辛劳。还没有举行"光盘行动"之前，我们班孩子也存在浪费粮食、不珍惜粮食的问题，"老师，这个胡萝卜我不喜欢吃。""老师，我不喜欢吃饭饭。""老师，我饭和菜打多了，我吃不了这么多。"勤俭节约是中华民族的传统美德，而这种美德就在我们浪费的一粒粒粮食中丢失了。所以，我们要从现在做起，从我做起，拿出实际行动来，把节约粮食的活动扎扎实实地开展起来。

三、活动研究目标

（1）初步了解"光盘行动"的意义，知道"光盘行动"，人人有责任。

（2）知道粮食的由来，并珍惜他人的劳动成果。

（3）树立勤俭节约、不铺张浪费的意识。

四、活动思维导图

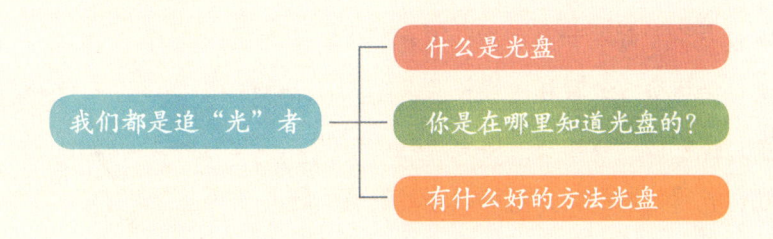

我们都是追"光"者
- 什么是光盘
- 你是在哪里知道光盘的？
- 有什么好的方法光盘

五、活动探究

探究一：什么是光盘

小朋友们，什么是光盘呢？请你们来一场光盘大猜想吧！

沐瑾：光盘就是家里会唱歌的光盘。

子涵：把盘子洗得干干净净的。

小朋友们说的都有道理，但是今天，我们说的光盘并不是家里会唱歌、会放电视剧的光盘，而是指把盘子里的食物全部吃光光哦！

教师思考

在活动开始前，通过创设情境：看一看，猜一猜，说一说，充分激发幼儿参与活动的兴趣。鼓励幼儿结合已有的生活经验，进行大胆讲述和猜想，自然而然对"光盘行动"感兴趣。

探究二：你是在哪里知道光盘的

小朋友们，那你是在哪里知道光盘的呢？

申申：老师告诉我们，把饭饭吃干净就是光盘。

皓皓：妈妈告诉我，把盘子里的东西全部吃光，就是光盘。

逸澄：哥哥总是在我们吃饭的时候跟我们讲："他们学校最近在评选光盘小达人呢。"

果果：我是在电视上看到光盘的。

露露：在幼儿园里散步看到过光盘的牌子。

光盘行动已经悄悄进入我们的生活，成为家庭、校园、社会用餐新公约。

一种思考：为什么要光盘

（1）让我们一起听一听、看一看，孩子眼中光盘的理由。

浩浩：光盘可以让我和姐姐长得很高。

沐瑾：多吃饭可以让我变得更漂亮。

涵涵：吃得饱饱的，光盘可以让我们更强壮。

隆平：周末，我和爸爸、妈妈、小伙伴们一起体验了收割稻子的辛苦，农民伯伯太不容易了。我们一定要节约粮食，不浪费。（图1）

图1

相比让社会、老师、家人成为"光盘行动"的传达者，不如把话题和空间交付给孩子，使之成为"光盘行动"的思考者。

（2）小朋友们，你们能光盘吗？让我们拿起调查表记录吧！

颖欣：我不能光盘，饭太多了，我吃不完。

潇潇：我没有光盘，我不喜欢喝汤里面的蘑菇。

涵涵：我剩下了好多胡萝卜。

露露：我光盘了，好开心啊！

今天，我没有做到光盘，饭和菜都剩了一点儿。

通过调查记录，孩子们发现剩下一些些饭菜，还有一点点没吃完，已成为大家习以为常的事情。

小朋友们，看到这一幕，你们有什么想法吗？（图2）

图2

涵涵：我看到了我爷爷辛苦种田的样子，我觉得我们不应该这么做。

浩浩：好浪费粮食啊，看得我不舒服。

大鹏：妈妈说我们吃的粮食都是好不容易得来的。

余昊：我很伤心，老师说有很多人没有饭吃。

隆平：看到他把我喜欢吃的饭菜倒掉，真让我生气。（图3—图4）

图3　　　　图4

你们知道有哪些人正在为我们努力做好吃的吗？一起来调查调查吧。（图5—图6）

图5

图6

沐瑾：厨房里有厨师叔叔和洗碗阿姨。烧菜时，叔叔拿着好大好重的锅炒菜。

皓皓：我看到有洗菜和切菜的阿姨，他们把切完的菜都放进柜子里面！

子涵：厨师叔叔负责把食物倒进锅里，然后制作美食。阿姨要把洗完的盘子放进消毒柜里。

隆平：我们好像明白了"粒粒皆辛苦"的意思。我以后要把米饭和菜都一起吃光光。（图7）

图7

孩子们通过各种各样的活动，慢慢地体会到"粒粒皆辛苦"的含义。

教师思考

通过调查总结，提出问题："看到这一幕，你们有什么想法吗？"启发孩子感知和表述浪费现象的观点，进一步让孩子实地调查直观感受，慢慢就体会到了"粒粒皆辛苦"的含义，自觉养成爱惜粮食、不浪费粮食的好习惯。

探究三：有什么好办法光盘

我们知道光盘行动，但是有些时候我们不能把饭吃光光，该怎么办呢？让我们一起来讨论讨论吧！（图8）

图8

桐桐：我们自己盛米饭和菜，吃多少就盛多少。

果果：可以在桌子上铺一块漂亮的布。

子涵：老师，我散步的时候看见别的班门口，有一个这样子的拍拍灯。

方案一：自助餐形式，自己的饭菜自己盛

全世界只有谁最了解你呢？答案是"你自己"。了解自己的喜好、了解自己的需求、了解自己可以不可以。（图9—图10）

图9 　　　　　　　　　图10

方案二：光盘请亮灯

"光盘行动"自从在班上流行以来，总是会听到："你光盘了吗？""今天都有谁光盘了？"一连串的问号，什么方法能让我们知道哪些人光盘与否呢？隆重邀请"拍拍灯"出场。吃完饭的小朋友就可以拍亮属于自己的那盏灯。（图11—图12）

图11 　　　　　　　　　图12

方案三：餐桌"变"身计

教师：怎么让吃饭变得有意思呢？

孩子：有我喜欢的桌布图案就好啦！

教师：你们喜欢什么图案呢？

孩子：我喜欢小动物、坦克、花。

教师：那就让我们行动起来吧。

大鹏：老师，我想在桌布上画上我最喜欢吃的水果。

楠宝：老师、老师，你快看，我画的小花好看吗？

露露：我把我自己画上去，旁边还要画上我的好朋友。

浩浩：我画的是坦克，坦克发射的时候发出"轰"的声音。看，这是我发射的炮弹。

接下来，让我们铺上自制桌布，来一场别开生面的午宴。"有我喜欢的图案在桌布上，可真开心啊！"（图13—图14）

图13    图14

弘扬中华民族艰苦朴素、勤俭节约的传统美德，是每一位中国人义不容辞的责任，坚守"粮"心，不负"食"光，让我们中二班小朋友继续做追"光"人！

教师思考

用孩子们喜欢的方式，如亮灯仪式，进一步激发他们对"光盘行动"的兴趣。

六、活动完成感悟

4—5岁孩子的社会认知能力有明显提高，有意识行为开始发展，懂得更多的社会规则、行为规范，能关心他人的情感反应，出现初步的关心、同情反应，友好、助人、合作行为明显增多。在自我意识方面，他们开始体验到自己的内在心理活动、情绪情感和行为反应，能以他人的要求调控自己的行为，自控能力开始发展。《3—6岁儿童学习与发展指南》中指出："在幼儿生活经验的基础上，关心尊重他人，尊重他人的劳动成果，有利于幼儿社会性的发展。"所以本次活动，我从最贴近孩子生活的方面选择了贴近其生活的"光盘行动"的内容。

粮食是孩子每天不可缺少的食物，即使大多数孩子知道粮食来之不易，要爱惜节约粮食，却很少能真正地落实到行为上。因此，开展这样一个探究活动是非常有意义的。本次活动从幼儿的角度出发寓教于生活，以孩子为中心，用他们能接受的方式进行"光盘行动"。

生活即教育，孩子们从被动获取到亲身体验、实践操作，从浅层认知到深入体验，在潜移默化中培养了他们珍惜粮食、不浪费不挑食的好习惯，明白了爱惜粮食的意义。孩子们获得了成长，并用自己的力量感染着身边的人，成为真正的追"光"者。

（本案例由中二班朱兴妹老师提供）

我们都要"按时长大"

一、活动兴趣来源

早上,小朋友们看到点点老师抱着一束漂亮的花来到班上,都很好奇花是从哪里来的,便纷纷问了起来。由孩子结合生活经验的对话,引出了过生日的话题,展开了一系列的谈话。

哼崽:我妈妈过生日的时候,我爸爸也送了花,点点老师也是过生日吧!

朵朵:点点老师,你过生日吗?

点点老师:是呀,因为我过生日,所以收到花了。

夕夕:我也好想收到花哦!可是我的生日还没到。

点点老师:你们过生日的时候,也一定有甜蜜美好的回忆,一起分享一下吧!

从孩子们的对话中可以感受到他们对生日的好奇与期待,但是很多孩子都不知道自己的具体生日时间,部分孩子只知道自己的属相和大概过生日的时间,于是我们就开始了一场关于生日的探究之旅。

二、活动前期思考

由于本次谈话引起了孩子们对生日的好奇,产生了许多期待与对自己生日密码的探究欲望,我们觉得这是生成此次活动的良好契机。在活动推进中,我们需要思考以下几点:

1. 通过活动提高孩子对生日的认知

对在探究、了解生日的过程中，不仅能够激发孩子对周围事物的兴趣，同时能够提高孩子对生日的认知，了解生日中的年、月、日代表的意思，知道十二生肖的由来，还有一些过生日的习俗。

在自己动手制作生日牌的时候，提高孩子的动手操作能力，在与同伴贴生日牌的时候通过细心观察，发现了同年、同月、同日生的小朋友，激发了孩子的探究兴趣，在全园开展了生日大搜索活动，寻找同年、同月、同日生的人，和同月、同日生的人，能够很好地区分两者的区别。

2. 通过活动培养孩子关爱他人、感恩父母的情感

通过本次活动，孩子们知道是父母带我们来到了这个世界，培养孩子对父母的感恩之情，并学会关爱同伴，养成良好的行为习惯，提高人际交往能力。

3. 提高孩子的服务意识和交流合作能力

在筹备生日会的过程中增强孩子对社会的认知，提高孩子对问题的认识和处理问题的能力，促进孩子之间主动交流合作，养成良好的行为习惯、发挥创造力，获得更多的社会技能，增强服务意识，感受为别人付出带来的乐趣，并学会感恩。

4. 教师支持与介入

教师应当加强自己的学习与调整，保证孩子的主体地位，在凸显自主性的同时，从孩子的角度和眼光观察问题、思考问题。在活动过程中，教师需要用心关注活动进展，把握住合适的介入时机。在生日探究过程中，教师要科学引导孩子运用现代方法，从中发现问题、解决问题，并在观察探究中得出自己的认知结论。作为老师，我们要给予孩子尊重、支持，适时搭建支架，促进孩子深度学习。

三、活动研究目标

（1）初步了解生日的组成部分以及年、月、日代表的意思。

（2）能够运用年、月、日寻找同年、同月、同日生的伙伴。

（3）在筹备生日会中感受为别人付出带来的乐趣以及学会感恩。

四、活动思维导图

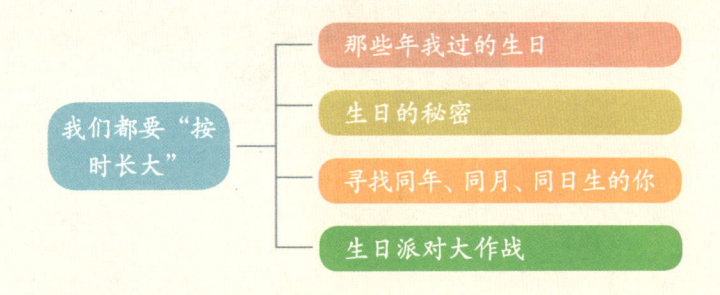

我们都要"按时长大"
- 那些年我过的生日
- 生日的秘密
- 寻找同年、同月、同日生的你
- 生日派对大作战

五、活动探究

探究一：那些年我过的生日

通过回忆，针对孩子们的生日是什么时候过的，孩子们展开了热烈地讨论。

小柚子：我的生日是国庆放假的时候。

豆豆：我的生日是放暑假的时候。

泡泡：我的生日是放假在家里过的。

朵朵：妈妈把我生下来的时候就是我的生日。

轩轩：我的生日是明年。

馨宝：我的生日是10月28日。

通过观看照片回忆过生日的时候爸爸、妈妈是如何帮我们庆祝的，准备了哪些东西，生日的时候我们收到了哪些祝福。（图1—图3）

图1 　　　　图2

图3

教师思考

幼儿通过回忆知道生日时爸爸、妈妈准备了蛋糕和礼物,但是依然不知道自己生日的具体日期,只知道大概时间,所以接下来孩子们开始对生日时间展开了调查。

探究二:生日的秘密

孩子们通过与家人一起进行的《生日大调查》,了解到自己的生日时间和属相,知道了家人的生日时间和属相,并在调查中寻找与自己生日一样的人和属相一样的人,并与父母一起回忆了是怎样过生日的。

通过调查表,孩子们与教师一起整理得到了以下知识:

(1)中国传统生日习俗会吃长寿面,还会根据寿星的年龄选择寿桃、寿包和喜蛋来庆祝。

(2)有的人会过两个生日,小朋友们了解日历上的公历与农历。(图4—图5)

图4　　　　图5

（3）了解十二生肖的由来。
（4）根据自己的生日时间制作生日牌。

教师思考

通过生日话题引发了幼儿的兴趣，关于生日的相关知识又有哪些？关于中国生日的文化有属相、公历、农历、饮食等，在活动中孩子对中国生日文化进行了深度学习。

探究三：寻找同年、同月、同日生的你

细心的孩子发现强强和豆豆是相同的生日，这引起了小朋友们的好奇与关注，也想找到和自己同一天生日的小朋友，于是小朋友们开始了全园大搜索，去寻找同一天生日的伙伴了，经过小朋友们的努力调查，也找到了许多相同生日的伙伴哦！（图6—图9）

图6

图7

图8

图9

教师思考

通过在幼儿园寻找同一天生日的人，孩子们发现同一天生日的人中有同岁的人，也有岁数不同但生日是同一天的人，关于生日的知识链接更加丰富了。在调查活动中，孩子们的社会性发展也得到了进一步提高。

探究四：生日派对大作战

通过朵朵的细心观察，发现馨宝的生日即将到来，孩子们提议大家一起筹备一个生日派对，为馨宝过一个在幼儿园的生日。孩子们都开始活动起来，自主分成了礼物制作组、场地布置组、食物组，为过生日的小朋友准备了一个特别的生日会。（图10—图15）

图10

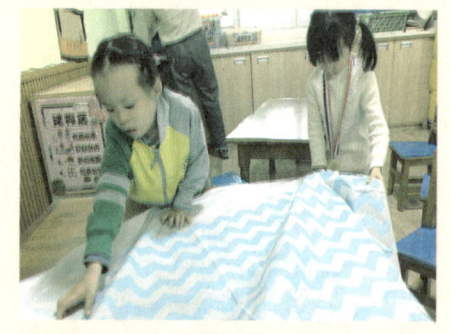

图11

图12

图13

图14　　　　　　　　　　　图15

教师思考

通过筹备令人期待的生日会，让每个孩子都参与其中，在分工合作、动手操作中，不仅提高了孩子们的动手能力，还培养了他们关心他人的优良品质，在快乐的主题活动氛围中，让孩子们的兴趣得以持久。

六、活动完成感悟

1. 活动主题来源于幼儿，贴近幼儿生活

该活动内容贴近孩子生活，一束鲜花吸引了孩子们的眼球，并由此展开了晨间谈话，教师抓住契机，探索生日，本次活动来源于生活，又回归于生活。

2. 借助主题内容进行深度学习，让孩子获取更多相关经验链接

孩子通过活动了解中国传统生日的一些习俗，激发了孩子对中国传统文化的热爱。通过科学探索破解了生日的密码，知道一年有十二个月，中国有十二个生肖，孩子了解了许多与自己的生活贴近的知识，获得了许多科学知识和生活经验。活动最后的生日大派对，使本次活动更为丰富和有趣，孩子们集体筹备生日会，能够激发孩子关爱他人的社会意识，为他人服务的喜悦之情，从中感恩父母和朋友为自己所做的一切，让幼儿学会付出，学会感恩，注重了孩子品德的养成，体现了教育的全面性。

3. 在活动的层层推进中，提升教师观察、指导的能力

教师通过整个活动不断地增加自己的知识，培养自己组织活动的能力，使活动内容和活动方式更加丰富全面。教师对幼儿园活动应当时时关注与调整，要保证孩子的主体地位不变，从孩子的角度和眼光观察问题、思考问题，保持孩子对活动的热情和积极性。在本次活动过程中，教师用心关注活动进展，把握合适的介入时机，了解孩子对活动的掌握程度，保证了活动正常运行，但要防止过度干预。在活动结束后，教师要注重反馈评价和总结，了解活动中孩子的行为意义以及本次活动对孩子发展的意义。

（本案例由中二班郑点点老师提供）

遇见地图

一、活动兴趣来源

一次午饭后的谈话活动中，孩子们自发地聊起了自主入园的趣事，原来今天有几个孩子走错了路到了别的班级，（图1—图2）看着叽叽喳喳的孩子们，我想，教育源于生活，幼儿园的环境就是适合孩子们的课程资源，于是，甘棠园区中三班的孩子们来了一场特别的学习之旅……

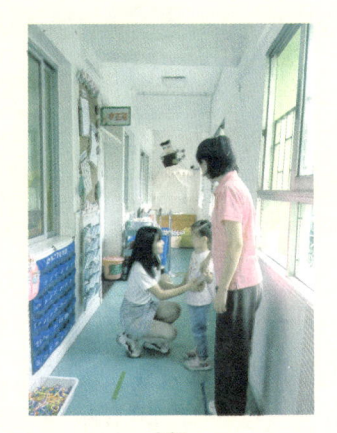

图1　　　　　　　　　　　图2

二、活动前期思考

对于孩子们来说，地图是抽象且神秘的！但是对于孩子们来说，帮助伙伴就为认识地图添加了一抹温馨有爱的色彩。在本次活动中，我们引导孩子通过帮助小伙伴，由此激发其对地图的兴趣，到了解地图的奥秘，再到观察后绘制地图，就此开展了一系列的地图探秘活动。

三、活动研究目标

（1）认识身边的地图，了解地图的特征和作用。

（2）通过观察地图、认识地图、绘制地图，发展科学探究能力和空间想象力。

（3）乐于探索、交流和分享，体验帮助他人的快乐。

四、活动思维导图

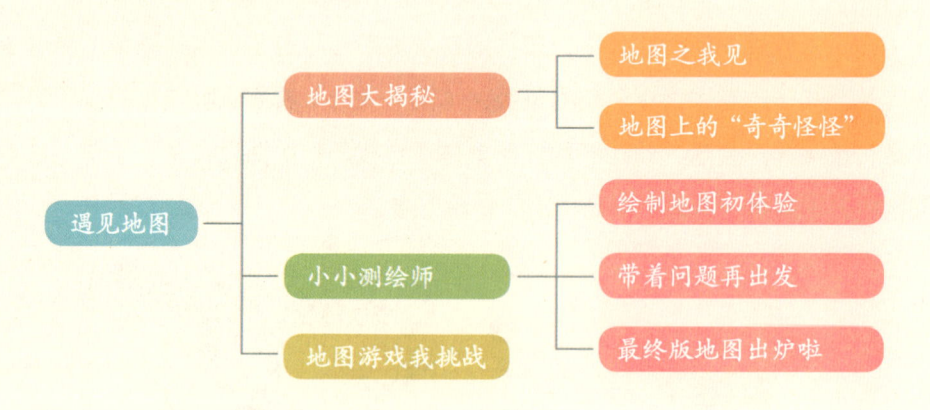

```
                    ┌── 地图大揭秘 ──┬── 地图之我见
                    │                └── 地图上的"奇奇怪怪"
                    │
        遇见地图 ───┤                ┌── 绘制地图初体验
                    ├── 小小测绘师 ──┼── 带着问题再出发
                    │                └── 最终版地图出炉啦
                    │
                    └── 地图游戏我挑战
```

五、活动探究

探究一：地图大揭秘

1. 地图之我见

欣悦：地图是一张纸，上面有许多歪歪扭扭的线，还有好多数字。

萌萌：地图是一个大大的球，有的地方是蓝色，有的地方是黄色，还有的地方是绿色。

子鑫：我在游乐场看见过地图，每到一个地方，牌子上就有箭头，还有好多玩具的标志。

小宝：我玩过地图迷宫，按照上面的箭头走，就可以走到想去的地方。

风仔：爸爸的汽车里有地图，只要爸爸告诉它要去哪里，它就会显示好多

路线，地图还会说话。（图3—图4）

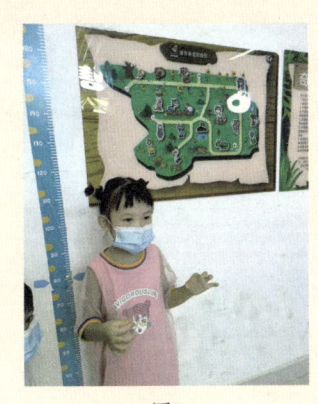

图3

图4

2. 地图上的"奇奇怪怪"

奇奇怪怪的线条，奇奇怪怪的颜色。

奇奇怪怪的符号，奇奇怪怪的标记。

奇奇怪怪的箭头，真是奇奇怪怪、可可爱爱呀！

各种各样的小动物，各种各样的美食，各种各样的建筑物，好神奇呀！

孩子们的一系列疑惑，得到了我们班御风妈妈的积极回应，她是一名地理老师，她用生动有趣的地理知识为我们班的孩子解答了地图里的奇奇怪怪。（图5）

图5

> **教师思考**

刚开始,孩子们对于地图的了解是浅显而抽象的,在这次活动中,孩子们通过寻找、观察、讨论,由此链接到更多关于地图的前期经验,对于地图的兴趣越来越浓厚,我们的探究活动正在继续……

探究二:小小测绘师

大家都知道了地图的作用和小秘密,那就开始绘制一份通往我们班的地图吧!

1. 绘制地图初体验

为了能准确地记住每一条线路,孩子们决定重新走一遍通往中三班的路,教室在哪栋楼、入口有几个、在第几层、第几间,都是需要记住的哦!就此测绘小分队出发了!(图6)第一版地图新鲜出炉啦!

图6

> **教师思考**

《3—6岁儿童学习与发展指南》中指出:"幼儿的学习是以直接经验为基础,在游戏和日常活动中进行。"孩子们通过亲身体验,通过表征把走过的路变成自己能读懂的地图,这样的学习过程生动而有趣。

2. 带着问题再出发

孩子们通过第一次尝试，对绘制地图有了更加浓厚的兴趣。教室到老师办公室的路线是什么样的？大门口通往校医室又是怎么走的？从起点到终点的路线有几条呢……带着这么多的问题，孩子们开始尝试第二次绘制地图。（图7）

图7

承承：我爱我的幼儿园，所以我画的是大门到校医室的路线。

恬宝：操场上有我喜欢的滑梯，所以我决定画从操场到老师办公室的路线。

峻峻：我们班有了自己的地图，我还想帮中二班的小伙伴画一张属于他们班的地图。

庭宝：天桥上有6只可爱的小兔子，兔子除了通过天桥可以通往中三班，我发现还可以通往中一班、中二班……

大家又一次共同合作完成了绘制地图，并且惊喜地发现，地图上的画面更加完整与丰富了，有了老师、哥哥姐姐们的建议，孩子们的思路更加清晰了，别人能看懂这些地图吗？孩子们找了保安爷爷来试一试。经过大家投票，最终，选出了最想挑战的两张地图。保安爷爷能挑战成功吗？让我们拭目以待吧！

叮咚！保安爷爷挑战完成了，第一次失败，第二次成功了，到底是什么原因呢？听听孩子们是怎么说的吧！

总结失败的原因：

失败的地图没有标注起点和终点。

失败的地图没有标注路线方向。

失败的地图上数字写反了，不够准确。

失败的地图上标志物太单一了。

教师思考

孩子们超级期待保安爷爷的挑战，他们热情高涨，好奇好问，通过对比两张地图，他们有很多新发现，也有很多新问题，在支持孩子们探究、发现的同时，我们通过启发、引导、假设等不同形式的提问，巧妙地促进孩子思考，在解决问题的过程中建构新经验，发展新能力。

3. 最终版地图出炉啦

面对困难，孩子们再一次来挑战，这一次是否能够成功呢？

快看！第三版地图在"大师们"的笔下新鲜出炉啦！给孩子们点一个大大的赞！快快来欣赏一下吧！大家从地图上能看出这是幼儿园？从哪里开始走？会经过什么地方呢？期待更多的人来挑战我们的地图哦！

教师思考

陈鹤琴先生说过："儿童的世界是儿童自己去探讨去发现的，他自己所求来的知识才是真知识，他自己所发现的世界，才是他的真世界。"在关于地图的探究活动中，孩子们从自身生活经验出发，通过直接感知、实际操作、亲身体验、相互分享等形式，萌发探究兴趣，掌握探究方法，提高探究能力。

六、活动完成感悟

蒙台梭利说过："我听见了就忘记了，我看见了就记住了，我做过了就理解了。"体验是孩子认识世界的重要方式，也是孩子获得知识和发展的重要途径，这段时间的地图探究活动不但给孩子们带来了神奇而独特的体验，也给我们留下了深刻的记忆，更新了理念，并对课程有了更深的认识。

我们的班本课程伴随孩子们的兴趣而展开，其间也出现了不少孩子们新的兴趣点而生成的活动，孩子们以自己七彩的画笔和稚嫩的语言记录着活动中的点点滴滴，从孩子们对地图产生兴趣到一次次尝试动手绘制地图，我们惊喜地发现：刚开始，孩子们对于地图的经验是浅显而抽象的，接着通过寻找、观察、讨论、比较……逐渐丰富了对于地图的经验。孩子们发现地图既要自己看懂，也需要获得大家的认可，在调查、访问、交流的过程中，孩子们学会了站在他人的角度思考问题。这些宝贵经验的获得不是教师的教授，而是在他们亲身不断地体验、感受中获得的。

终点是目的地，也是另一个起点。孩子们说：就像坐地铁旅行，经过很多地方，其实每一个都可以是目的地。我们想说：因为主题而结缘的地图活动看似结束了，其实可能也是另一个开始，探究地图的活动没有结束，它只是下一站学习的起点，风景就在我们探索的路上。

愿每一个孩子，在每一次活动中，自由探索，向美而生！

（本案例由中三班吴丽娜老师、周新远老师提供）

大班

哇！趣味滑梯

一、活动兴趣来源

户外活动的时候，我们把两块木板架在梯子上，木板就变成了斜坡滑梯，我们像小球一样从木板上滑下来，真的太好玩了，除了把木板架在梯子上玩滑梯，我们还想把木板架在别的地方去玩滑梯游戏。（图1）

图1

二、活动前期思考

一起去找找幼儿园里还有哪些地方可以搭木板滑梯吧！

这些地方可以玩：

（1）轮胎上可以架住木板。

（2）桌子上可以架住木板。

（3）木头玩具上的缝隙可以架住木板。

这些地方不适合玩：（图2—图3）

图2

图3

（1）塑料床高度够了，但是不能很多小朋友一起玩，不能排队。

（2）栅栏太窄了，高度也不够，不能玩。

悄悄告诉你们想玩斜坡滑梯游戏还要满足三个条件哦！

（1）要有高度、有斜坡才能滑。（图4）

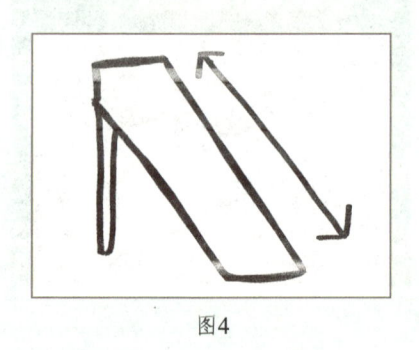

图4

（2）场地大，能排队，才能大家一起玩。

（3）要牢固，不牢固人就会掉下来。

教师思考

兴趣是最好的老师，因为喜欢，孩子们自发找到了适合玩木板滑梯的地方，他们用自己的语言将经验和感受记录下来，通过亲身体验证实自己的猜测，总结出安全玩斜坡滑梯的三个条件，这也为后期孩子们制作趣味滑梯做了经验的铺垫。

三、活动研究目标

（1）对参与探索"斜坡"现象感兴趣，感受倾斜带来的快乐，积累有益的经验。

（2）利用辅助材料进行动手操作活动，提高探索、比较的能力。

（3）大胆用语言来表达自己在操作中的感受，体验探究成功的乐趣。

四、活动思维导图

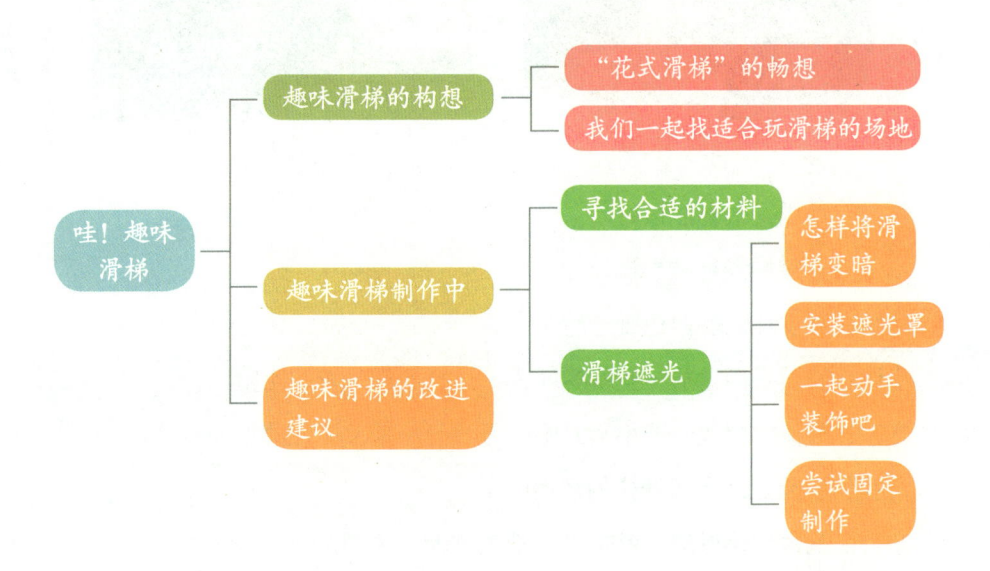

```
哇！趣味滑梯 ┬─ 趣味滑梯的构想 ┬─ "花式滑梯"的畅想
            │                 └─ 我们一起找适合玩滑梯的场地
            ├─ 趣味滑梯制作中 ┬─ 寻找合适的材料
            │                 └─ 滑梯遮光 ┬─ 怎样将滑梯变暗
            │                             ├─ 安装遮光罩
            │                             ├─ 一起动手装饰吧
            │                             └─ 尝试固定制作
            └─ 趣味滑梯的改进建议
```

五、活动探究过程

探究一：趣味滑梯的构想

幼儿一：徐老师，什么时候能出太阳呀？我们好久都没有玩木板滑梯了！

幼儿二：我们真的很想玩！

老师：最近总是下雨，我们没有办法出去玩，如果想玩木板滑梯，那你们可以想一个玩滑梯的好办法。

幼儿三：可以把木板搬到教室来玩。

幼儿四：教室太小，没有地方可以排队，所以不能玩。

幼儿五：那我们就自己做一个滑梯好了。

1. "花式滑梯"的畅想……

我们想要制作一个滑梯，取个什么名字呢？（经过投票取名为趣味滑梯）（图5—图6）

图5　　　　　　　　　图6

牧谦：我觉得很刺激很好玩。

汤圆：越害怕我就越想试试看。

琪琪：我要在滑梯两边画一些尖牙齿。

小明：我要在两边放一些蜘蛛吓人，这样会很恐怖，哈哈哈……

方宇：在滑梯里放一些小彩灯吧，万一有小朋友害怕呢！

2. 我们一起找适合玩滑梯的场地

阳台上的大小是好的，就是排队不太方便。（图7）

图7

大大的走廊挺好的,就是没有斜坡。(图8)

图8

楼梯的大小、高度正合适,很牢固,也可以排队,是最佳场地。(图9)

图9

教师思考

当孩子在寻找制作趣味滑梯的场地时,他们也很自然地将玩木板滑梯的经验链接起来,他们在幼儿园楼道处发现这里适合玩滑梯,也适合有趣味的效果。游戏就是孩子"想自己所想,做自己想做",将玩一类游戏的经验迁移到更多游戏活动中,才让趣味滑梯变得更童趣。

探究二:趣味滑梯制作中

1. 寻找合适的材料

泡沫垫:大小合适,但是中间很容易断开,所以不合适。(图10—图11)

图10 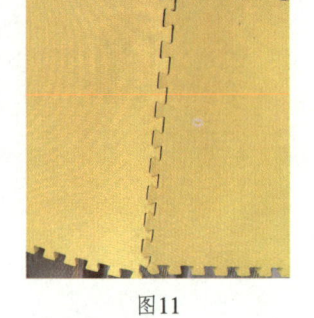　　　　　　　　　　　　图11

KT板：大小合适，也很滑，但是滑多了中间有裂痕，容易断，所以不合适。（图12—图13）

图12 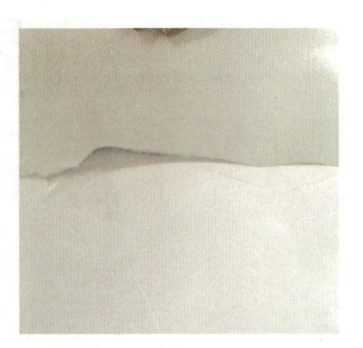　　　　　　　　　　　　图13

硬纸板：大小合适，而且很滑，不容易断，可以用。（图14—图15）

图14 　　　　　　　　　　　　图15

正当大家玩得开心时：

姐姐：徐老师，我们不是要做趣味滑梯吗？可是这个滑梯一点也没有趣啊！

文锐：对呀，趣味滑梯应该是黑暗的，是有魔法的。

小明：那我们还要做一个"屋顶"，把光遮起来吧！

2. 滑梯遮光

（1）怎样将滑梯变暗

布的中间是会塌的，如果中间有东西固定，就不能滑下来了，所以不合适。

泡沫垫大小可以，但是它中间都是断的，支撑不住，所以不合适。

纸箱大小刚刚好，把它扣在软垫上就变得很暗了，就像一个罩子，可是"屋顶"上画东西就看不见了！待定。

KT板用来封顶正好，大小长度正合适，还可以在上面画许多有趣的小动物！合适。

（2）安装遮光罩（图16—图18）

图16

图17

图18

在老师的帮助下，利用透明胶、剪刀和麻绳，我们固定了滑梯的两边，接着就开始大家最期待的环节啦！

（3）一起动手装饰吧

趣味滑梯必备材料：小灯带、透明胶、KT板、手工蜘蛛、颜料、刻刀等。

首先，我们把滑梯的周围装饰起来，画上了蛇的图案。（图19—图20）接着在滑梯的内侧，我们一起印上了鲜红的手掌印，以增加趣味的效果。按计划我们装上了电子的小灯带，以防有的小伙伴会害怕。看，我们考虑得多周到！我们还在滑梯的内侧装上了尖尖的"牙齿"。（图21）终于，开始画我们的"趣味屋顶"了，大家觉得有趣吗？

图19 　　　　　　　　　　　图20

图21

装饰趣味元素！这是利用周末的时间，我们和爸爸、妈妈一起利用不同的材料制作的"创意蜘蛛"。（图22）

图22

（4）尝试固定制作

装饰完成后，孩子们开始了滑梯的固定，在"封顶"的过程中就出现了问题，我们来看看吧！

我们先拿透明胶固定，发现手一松，它就倒了。（图23—图24）

图23 　　　　　　　　　　图24

怎么将滑梯固定在扶梯上呢？

用绳子绑在扶手上，结果断了。

用透明胶在扶手上贴住了。（图25—图27）

图25　　　　　　　　　　　　图26

图27

趣味滑梯设计图对比成品图。（图28）

图28

老师的发现：孩子们着手开始制作趣味滑梯，一切都从计划开始，他们通过实地测量场地的大小，选出较为合适的材料，在试错材料的过程中通过实验对比确定最适合制作趣味滑梯的材料，不断地与同伴一起想办法解决问题，他们不怕困难，不断去试错，再调整，再试错，就是这一遍又一遍的试错才有后期的趣味滑梯。

我们有话说

"看到的时候感觉有一点害怕，可是玩的时候很开心，还想再玩一次。"

"我喜欢这个滑梯，我会一直陪着它。"

"第一次玩的时候很紧张，第二次玩的时候很开心，就不害怕了。"

"蜘蛛太多了！速度太慢了！距离太短了！"

弟弟妹妹有话说

小二班的弟弟："太好玩了，还有蜘蛛掉下来，吓死我了！"

小二班的妹妹："好可怕呀，太快了，可是有老师保护我，又没那么害怕了。"

中二班的妹妹："太刺激了吧，头上的蜘蛛还会动呢！哈哈哈……"

老师有话说

黄老师："我本来是想试试到底牢不牢固，一玩才知道这滑梯还真神奇，别说孩子喜欢，我也喜欢。"

吴老师："我是看着孩子们慢慢地把神奇的滑梯一步一步地制作出来的，我也玩过好多次，确实比户外的滑梯更刺激，因为这是孩子们的作品。"

徐老师："后期可以再加长一些，虽然很有趣，但是不过瘾，还可以再加固一点！"

在生活中，我们的滑梯游戏还在继续，孩子们新的问题又来了：为什么同一个滑梯，有的伙伴能滑得快，有的却滑得慢呢？寻找答案的故事还在继续……

六、活动完成感悟（图29—图31）

图29

图30

图31

马拉古奇教授说过："永远不要教一个孩子那些他可以自己学习的东西。"在此次活动中，孩子们一开始利用两块木板偶然做成了滑梯，通过寻找适合玩木质滑梯的场地，讨论出滑梯需要高度、斜坡、牢固、场地大小等因素的结果。当他们体验制作滑梯时，选择材料又是头疼的问题。他们寻找了泡沫垫、KT板、硬纸板等材料。为了制作滑梯，他们展开了一系列的小实验，并对原有的讨论结果进行了调整和完善。在整个过程中，教师并没有直接给出评判，只是不断地在观察和倾听过程中进行引导，支持孩子们做进一步的探索，帮助孩子们在探索的过程中建构自己的经验。

在此次活动中，孩子们之间的关系是一种互惠的关系，它能培养孩子们强烈的团队意识。团队中，孩子们的差异得以显现，而这些差异反过来又会促进极其重要的协商和交流行为的出现。因此，孩子们之间的关系也成了一种环境，这是一种共同学习、共同促进的环境。无论教师是否在他们身边，孩子们之间的关系提供了相互借鉴各自想法的机会，这也包括孩子们在认知上的冲突、模仿和宽容。

  作为教师，我在开展班本化主题活动过程中能够积极鼓励和支持孩子的主动学习，每一次活动的开展和调整，我都关注或追随孩子的兴趣和需求。在整个活动开展中，我对孩子生成的兴趣点或探究点进行梳理和分析，在活动中有效调整目标、材料和策略，将有价值的点逐步拓展，从而推进活动，帮助孩子更好地体会主动学习的乐趣。

（本案例由大一班徐瑞婕老师提供）

花样百出寻"面"之旅

一、活动兴趣来源

　　幼儿园开展传统节日活动，能够让孩子在了解中国传统文化的同时，在孩子幼小的心灵中播撒爱国主义的种子。在庆祝中秋节活动的背景下，我们把关于中秋节的美食街搬进了教室（图1—图4），琳琅满目的食物让孩子们兴奋不已！孩子们吃着美食、聊着天（图5—图8），生活真美好啊！他们在聊什么呢？原来在品尝美味的同时，他们对各类面食的材料产生了浓厚的兴趣，这些用小麦粉制作的可口点心真是好吃，而小麦粉是什么东西做出来的呢？在哪里可以找到小麦粉呢？为了寻找答案，我与孩子们携手对小麦展开了一系列有趣的调查。

图1

图2

图3 　　　　　　　　　　　　图4

图5 　　　　　　　　　　　　图6

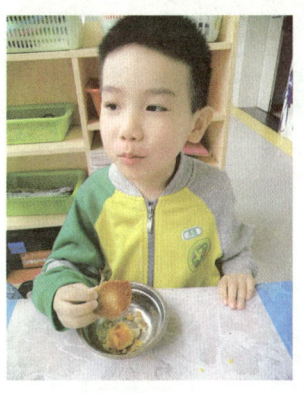

图7 　　　　　　　　　　　　图8

二、活动前期思考

对于城市的孩子来说，小麦是日常生活中不常见的植物，如何让孩子们自主探索小麦的秘密呢？于是，孩子们通过借助多媒体、调查问卷等方式对小麦的外观、生长过程、生长环境等几个方面，初步建立了对小麦知识的相关链接；关于小麦知识的集体教学活动，帮助孩子们梳理了他们对于小麦知识的前期经验，语言活动——古诗《悯农》、实践活动——"光盘行动"的开展，增强了孩子们珍惜粮食的意识；孩子们感兴趣的话题如同一颗种子，在一次次活动中生根发芽，"寻面"之旅让孩子们一路兴趣高昂。

三、活动研究目标

（1）了解小麦的外观、生长过程、组成和生长环境。

（2）感受部分面制品的制作过程。

（3）激发珍惜粮食的良好意识。

四、活动思维导图

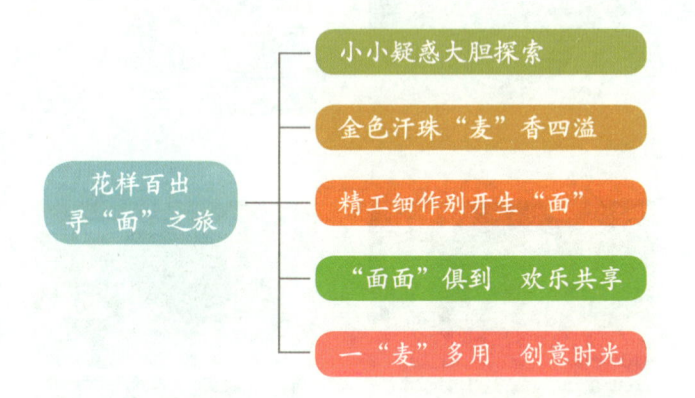

花样百出 寻"面"之旅
- 小小疑惑大胆探索
- 金色汗珠"麦"香四溢
- 精工细作别开生"面"
- "面面"俱到 欢乐共享
- 一"麦"多用 创意时光

五、活动探究过程

探究一：小小疑惑　大胆探索

为了让孩子们更好、更全面地了解小麦，通过调查表的形式，让孩子们自主借助上网搜索、查阅书籍等方法去寻找和发现小麦的秘密，来完成小麦调查问卷表。孩子们根据自己的调查结果展开了分享，（图9）孩子们发现小麦从种子发芽开始，要经过一个漫长的生长发育过程：种子—发芽—秧苗—拔节—分蘖—抽穗—结果—收割（留下种子）（图10）。偷偷告诉你：留下来的种子可以磨成面粉哦！在这个过程中，农民伯伯要做的事情有：种下种子，定期为种子浇水，给地里除草，给小麦施肥和打药，最后收割。瞧！铺满麦穗的稻田，留下了农民伯伯辛勤的汗水，为农民伯伯点个大大的赞。

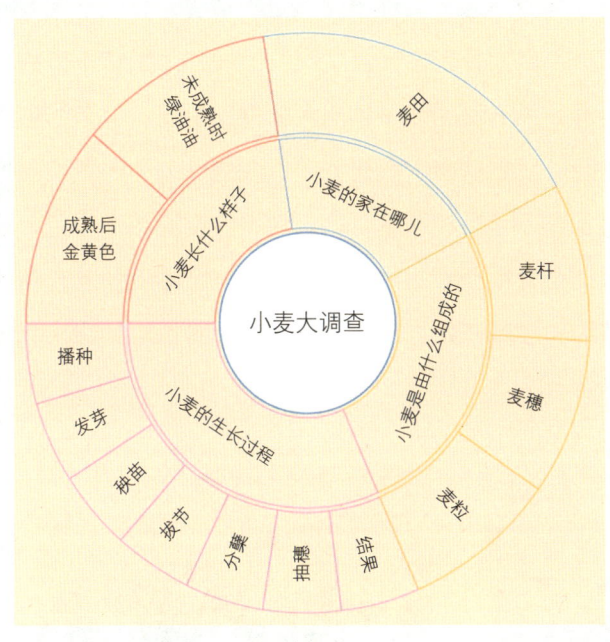

图9

图10

教师思考

原来种小麦的过程这么复杂呀，要一直照顾小麦到长大，要定期地为它们浇水、除草、施肥，小麦的生长，离不开农民伯伯细心的照顾。可以看到孩子们在调查过程中充分地发挥了自主性，无论是调查的过程，还是结果的记录，都为孩子们提供了超强的体验感，把自主权还给了孩子。通过此次调查，孩子们增长了许多生活经验，在今后的生活中遇到问题也会积极地动脑思考，借助生活中的工具来解决问题。

探究二：金色汗珠 "麦"香四溢

农民伯伯真辛苦呀！真是"谁知盘中餐，粒粒皆辛苦"，每一粒粮食都来之不易……我们一起学习了这首古诗《悯农》：锄禾日当午，汗滴禾下土；

谁知盘中餐，粒粒皆辛苦（图11—图12），接着我们还开展了古诗朗诵，孩子们穿着汉服，端手站立，朗诵古诗《悯农》，在悠扬的音乐中，孩子们格外认真；读着这首诗，孩子们眼前仿佛看见烈日当空，农民伯伯流着满头大汗，辛勤地锄草、耕地，汗珠一串串地滴下来，滴进了泥土里的情境，我们一定要养成珍惜粮食的好习惯。爱惜一粒米，今天你光盘了吗？（图13—图17）节约粮食是我们中华民族的传统美德，大五班的孩子们向大家发出倡议："节约粮食从我做起，大家好，我叫子晓、我是益鑫、我是光宇、我是一朵……我们向你发出倡议！"春种秋收付出了许多心血和汗水，每一粒粮食都凝结了辛劳，珍惜农民伯伯的劳动成果，做一个爱粮节粮的好孩子。大五班全体小朋友，在此大声呼吁：让我们大家从节约一粒米开始，从自己身边的小事做起，用实际行动，珍惜我们今天的幸福生活吧！

图11

图12

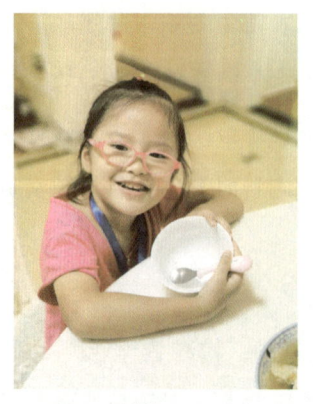

图13

图14

图15　　　　　　　　　图16

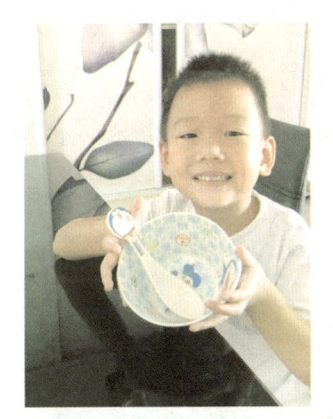

图17

教师思考

通过这一阶段的探索，孩子们对于小麦的生长过程更加清晰，也了解到了农民伯伯照顾小麦长大有多么地不容易，所以通过组织"光盘行动"、倡议书等活动，可以很好地激发孩子们珍惜粮食的良好品质。

探究三：精工细作　别开生"面"

小麦怎么变成面粉，成为我们餐桌上的美食呢？小麦收割后要先进行清洗，接着将清洗后的小麦晒干，并用袋子装好，然后送去面粉加工厂，用专业的仪器进行加工，最终变成了面粉。

教师思考

小麦经过清理—着水—润麦—入磨—研磨筛理—配粉，最后进行包装，经过安全检测后，投放到超市、菜市场等，我们需要的时候就可以去购买。孩子们通过了解小麦变成面粉的这一系列过程，能够更直观地感受面粉的制作工艺，知道看似普通的面粉是有着很复杂的制作过程，从而更加深刻地理解劳动人民工作的辛苦，激发孩子们爱粮节粮的良好品质。

探究四："面面"俱到　欢乐共享

生活中，还有哪些食物是面粉做的呢？让我们一起来找一找吧！孩子们在超市找到了用面粉制作成的饼干、蛋糕、面包、饺子、汤圆、面条、茶饼，还在蛋糕店找到了用面粉做成的小蛋糕、全麦面包等，都是我们爱吃的食物，那我们也来动手做一做吧！美味进行时。（图18—图24）

图18

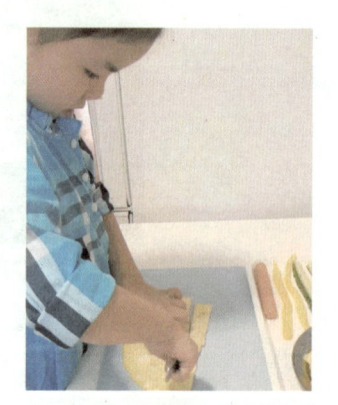

图19

图20

图21

图22

图23

图24

教师思考

自己动手制作的美食总是格外地香甜。整个活动过程中我们都在观察、寻找和发现，没有切身体验，通过这次的美食制作，让孩子们也参与到活动中，锻炼了孩子们的动手能力，也让孩子们有了一次难忘的体验，感受到了劳动中的快乐和获得的成就感。孩子们在制作过程中发现，面粉是白色的粉状，闻起来香香的，摸起来软软的，加水之后就变得黏黏的，揉一会儿就变成一个面团了，真的好神奇呀！

探究五：一"麦"多用　创意时光

小麦身上有许多的宝贝，除了可以食用制作成面粉，麦秆也有自己独特的用处哦！麦秆画是怎么制作出来的呢？我们一起来看看吧！（图25—图26）真是太美了，原来一根根普通的麦秆，通过剪开、熨平、粘贴的方式，可以变成一幅幅栩栩如生的画作，简直太神奇啦！还在等什么呢，让我们动动小手，也来试一试吧！（图27—图34）我们的麦秆画完成了，是不是很漂亮！（图35—图37）

图25

图26

图27

图28

图29

图30

大班

图31 　　　　　　　　图32

图33 　　　　　　　　图34

图35 　　　　　　　　图36

图37

教师思考

麦秆画是中国独有的特色工艺品之一，始于隋唐时代，是中国民间剪贴画的一种。麦秆画虽然来自民间，却十分稀罕，更因其作为皇家贡品，于2014年12月成为国家级非物质文化遗产。孩子们欣赏并尝试制作麦秆画，感受麦秆画的独特魅力，有助于发展孩子学习欣赏传统民间工艺作品，并积极主动地参与美术欣赏活动，促进孩子运用不同材料和方式表现美术作品，体验创造的快乐。

六、活动完成感悟

在本次活动中孩子们和小麦开启了"零距离"的相处模式，将小麦平凡漫长却又不普通的一生了解透彻；而在此之前，孩子们不知道小麦是什么，生活中也没有和小麦接触的机会，虽然小麦制品在我们的身边随处可见，但我们都没能将自己的目光短暂地停留在它身上。通过这次幼儿园内的庆祝活动，激发了孩子们的探究欲望，引起了孩子们的头脑风暴，于是跟随着他们的脚步，我们展开了一次不寻常的探究之旅……

1. 兴趣源于生活，从生活中发现更多，收获更多

20世纪伟大的物理学家爱因斯坦曾经说过："兴趣是最好的老师。"一个小小的疑问"这些好吃的点心都是用什么做的呢?"将孩子们引进了一个全新的世界,一个我们从未了解过的世界——小麦的一生,看似简单的生长,却全靠农民伯伯的精心培育;看似普通的面粉,却历经许许多多的复杂工序;看似平常的食物,却也是来之不易。通过这次的探究和学习,相信孩子们不只增加了新的知识,也理解了农民伯伯劳动的辛苦,对于"粒粒皆辛苦"这句诗也有了更深切的感受,知道每一粒粮食的来之不易,从而养成珍惜粮食、珍惜劳动成果的好习惯。

2. 在活动中成长,在活动中进步

幼儿园教育就是这样,从生活中来,到生活中去,本次活动源于美食品尝,从而延伸到节约粮食,帮助孩子们从小树立良好的品德,把孩子们良好习惯的养成落到实处;通过了解小麦变成面粉的过程并体验制作美食的乐趣,增长了孩子们的认知水平,感受到食物的多样性,激发动手能力和探索精神;接着我们走进麦秆画,在欣赏的基础上再去制作,丰富多彩的艺术活动培养了孩子们的想象力、创造力、审美力等。在生活中,每天都会发生许多事情,作为老师要学会及时捕捉孩子的兴趣点,发现教育契机,在尊重的基础上给予孩子足够的支持,并结合孩子的年龄特点和认知规律,循序渐进地促进孩子们的发展。

寻"面"之旅结束了,但是孩子们对于生活中的美好事物的探究没有结束,生活即教育,教育即生活,生活中有许多美好,等着他们去发现与探索,我们陪着他们一点点获得,做他们最好的玩伴,陪他们一起长大……

(本案例由大五班黄娟老师提供)

向"筷"乐出发

一、活动兴趣来源

在区域游戏火锅店里,只见曦曦"小客人"在用筷子夹食物。曦曦对宪宪说:"你知道吗?我会用筷子夹菜了,妈妈说可以用筷子说明自己长大了呢!"宪宪说:"我在家也开始用筷子吃饭了。"孩子们对使用筷子充满了兴趣。(图1)

图1

峻辰:老师,我会用筷子,爸爸妈妈教过我。现在我已经会用筷子夹菜和夹面条啦!

明隆:我会用筷子,拿筷子就像拿铅笔一样。

曦竹:我在家用的儿童筷,现在我可以轻轻地把饭夹起来了!

晨凯:我现在还不会用筷子,我觉得勺子用起来更方便。

二、活动前期思考

筷子是孩子们比较熟悉的一种餐具，孩子们基本上每天都能看到。一次偶然的游戏，孩子们将小小的筷子推上班级热点。为了满足孩子们的好奇心，我们将筷子变身为研究材料，大大激发了孩子的好奇心和探究欲，引导孩子发挥自己的想象力和创造力，用他们喜欢的方式进行有关筷子的各种活动。

本次活动的目的不只是让孩子了解筷子，而是通过认识筷子、学用筷子，激发孩子的探究兴趣，从而引导孩子了解筷子的发展文化、探索筷子的奥秘、传承用筷文明礼仪……引导孩子发现问题、解决问题。作为老师，我们需要做的是给予孩子尊重、支持，并给予适当引导，以孩子为主体，让孩子真正投入到活动中来。

三、活动研究目标

（1）了解筷子的形状、用途和礼仪，掌握正确使用筷子的方法。

（2）能收集有关筷子的各种信息，探索筷子的不同玩法，并尝试进行记录。

（3）乐意使用公筷公勺进餐，养成卫生、文明的用餐习惯。

四、活动思维导图

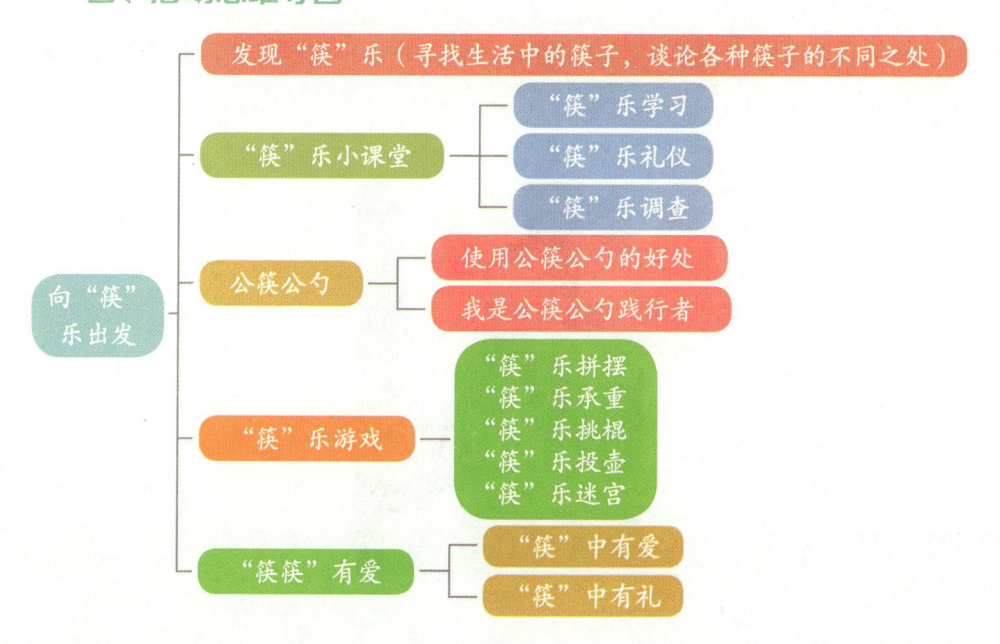

向"筷"乐出发
- 发现"筷"乐（寻找生活中的筷子，谈论各种筷子的不同之处）
- "筷"乐小课堂
  - "筷"乐学习
  - "筷"乐礼仪
  - "筷"乐调查
- 公筷公勺
  - 使用公筷公勺的好处
  - 我是公筷公勺践行者
- "筷"乐游戏
  - "筷"乐拼摆
  - "筷"乐承重
  - "筷"乐挑棍
  - "筷"乐投壶
  - "筷"乐迷宫
- "筷筷"有爱
  - "筷"中有爱
  - "筷"中有礼

五、活动探究过程

探究一：发现"筷"乐

老师：有哪些地方可以看到筷子？让我们一起去找找看吧！

把能找到筷子的地方记录在调查表里吧！

我们还从家中拿来了自己使用的筷子，和小伙伴们讨论它们的不同。（图2）

图2

孚嘉：我爸爸、妈妈在家经常使用竹筷子吃饭，我妹妹使用儿童筷子，我用塑料筷子。（图3）

图3

欣怡：我的筷子是用不锈钢做的，它摸起来凉凉的、滑滑的。

乐希：我家的筷子上面还刻了龙的图案呢！

文宪：我发现我的筷子一头是正方形，一头是圆形。

小知识：孩子们，在很久很久以前，中国人就开始使用筷子了，那时候的筷子大多数是由竹子制成的。随着社会的发展，有了木头筷子、不锈钢筷子、合金筷子，有些筷子上还被设计出来好看的花纹。筷子之所以一头方一头圆，是因为古代人讲究"天圆地方"，圆的象征着天，方的象征着地，正好符合古代人对世界的理解。

教师思考

《3—6岁儿童学习与发展指南》中指出："幼儿的学习是以直接经验为基础，在日常生活和游戏中进行的。"孩子对于筷子充满了探究的兴趣，筷子有哪些种类？你家里有什么样的筷子？在寻找筷子进行调查的时候，孩子们不仅能认识到不同材质的筷子，还能知道筷子的不同花纹以及不同的结构。做调查表时也充分发挥家长资源，鼓励家长走进课程，与孩子一起完成调查表。

探究二："筷"乐小课堂

小小筷子，虽然结构简单，但也有大大乾坤。这个我们再熟悉不过的小物件，它是从哪儿来的呢？

借助绘本，我们了解到筷子起源于中国，距今已有3000年的历史。在远古时代的人类使用手抓食物进食，但汤羹类的食物用手抓很是烫手，于是我们的祖先想出了借用木棍、草茎来夹食物，帮助进食。于是"筷子"就产生了，古时候的筷子叫作"箸"。

乐洋：现在的筷子有很多装饰，筷子上面会有好看的花纹，不像以前两根木棍那么简单了。

涵钰：我的筷子是妈妈网购买来的。

小煜：现在的筷子是用不锈钢、木头、竹子等做的。

柳源：以前的筷子是直接用树枝做的，有很多细菌。现在的筷子是工厂里加工出来的，很干净。

1."筷"乐学习

怎样正确拿筷子呢？让我们一起学习正确使用筷子的方法吧！（图4）

图4

学习了筷子的正确使用方法，我们开始尝试用筷子进餐啦！（图5—图6）

图5　　　　　　　　　图6

2."筷"乐礼仪

在使用筷子进餐的过程中要注意什么呢？一起来看看孩子们商量制定的餐桌礼仪吧！

筷子不能插在碗上。

筷子不能含在嘴里。

筷子不能指向别人。

吃饭不要玩筷子。

筷子不能敲碗。

不要用筷子在盘子里来回翻弄。

午餐时间，孩子们遵守自己和同伴制定的文明用筷规则，养成良好的用餐习惯。

3. "筷"乐调查

在使用筷子的过程中，小朋友们对于不同种类筷子的用途产生了浓厚的兴趣，于是我们一起设计了调查表。

峻辰：可爱的练习筷是给小朋友用的，筷子上面有指扣，以方便我们夹取食物。（图7）

图7

语辰：一次性筷子用完后还可以做手工材料。

馨逸：合金筷可以插在头上做装饰。

曦竹：我调查到有公筷，公筷是大家一起用的。

> **教师思考**

作为教师，我们要在满足孩子好奇心和求知欲的过程中，引导孩子了解中华传统文化中与筷子相关的用餐文明礼仪与知识。借助绘本，可以让孩子更好地了解筷子的由来，孩子可以根据观察图片、自己制定的用餐规则，了解握筷的正确姿势和使用筷子的正确方法。同时我鼓励家长引导孩子正确地使用筷子，家园携手合作可以更好地促进孩子的健康成长。

探究三：公筷有约

1. 使用公筷公勺的好处

煊茹：我知道公筷是大家公共一起用的。

江山：我们家会用公筷公勺，它们可以用来夹菜、盛汤，但不能直接放到嘴巴里去。（图8）

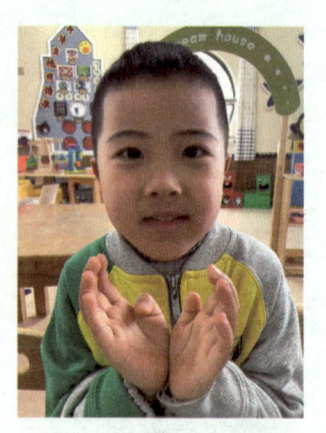

图8

老师：我们为什么要用公筷公勺呢？

欣怡：因为筷子用嘴碰过再去夹菜会有细菌，这样不卫生。

贻浩：用公筷的话能让我们远离病毒，身体更健康。（图9）

图9

老师：是的，小朋友们说的没错！使用公筷公勺可以防止病毒在餐桌上蔓延，可以保障我们的身体健康。

小朋友们，如何使用公筷公勺还有好听的歌谣哦，我们一起来学一学吧！

公筷公勺

小朋友，要牢记，

小公筷，大健康。

用公筷，吃得香。

公筷公勺摆桌上，

健康卫生好处多。

病毒来了我不怕，

健康用餐最重要。

2. 我是公筷公勺践行者

看，我们的宝贝们都参与到公筷公勺行动中来了呢！（图10—图11）

图10 　　　　　　图11

从现在开始，从你我开始，共同养成"公筷公勺，用餐有礼"的好习惯。让我们做关爱健康、关爱他人的文明小公民吧！

教师思考

为了保证大家的健康，进餐时使用公筷成为非常重要的事情。孩子们对于"为什么使用公筷"开启了大讨论。孩子自发参与到"公筷公勺"的践行者，做小小宣传员，倡导周围的人养成"夹菜用公筷""盛汤用公勺"的良好就餐习惯。

探究四："筷"乐游戏

筷子只能用来吃饭吗？你的答案应该是肯定的。关于这个问题，孩子们可是脑洞大开，想出来好多好玩的游戏，让我们跟着他们一起来看一看吧！

1."筷"乐拼摆（图12—图13）

图12 　　图13

2."筷"乐承重

筷子能承受重量吗？我们一起来试试吧！（图14）

图14

从轻轻的奶粉罐到几本书再到几十本书，筷子仍然能完好无损，承受住了它们的重量。

3. "筷"乐挑棍

听说这是爸爸、妈妈小时候都在玩的挑棍游戏，现在我们也用筷子来试一试。

游戏材料：筷子若干双。

游戏玩法：

（1）两人参加游戏。一人把所有筷子抓在手中，垂直于桌面将筷子撒开。

（2）两人猜拳，胜者先来挑筷。

（3）用一支筷子挑起最上面的筷子，不能动或碰到别的筷子，保证其他的筷子不动。

（4）获得筷子多的一方获胜。

4. "筷"乐投壶（图15）

图15

听说投壶是很早之前的一种投掷游戏，我们也来试一试吧！

游戏材料：筷子、各种口径的物品。

游戏玩法：将瓶罐放在地上，孩子手持筷子，瞄准瓶罐口，让筷子竖直落入瓶中。

5. "筷"乐迷宫（图16）

图16

小球被困在迷宫里了，快来跟我们一起抽筷子解救小球吧！

游戏材料：筷子若干双、塑料透明箱一个、大小不一的球三个。

游戏玩法：两人游戏，轮流抽筷子，看谁的小球落下的数量多就赢得这场比赛。

老师：筷子原来还有这么多的玩法，小朋友们快来试试吧！

教师思考

《3—6岁儿童学习与发展指南》中指出："常常动手动脑探索物体和材料，并乐在其中。"筷子游戏的创设都来源于孩子，充分给予孩子思考与想象的空间。在整个游戏的过程中，始终都做到了孩子在前，教师在后。小小的筷子充满着无穷的魅力，孩子们玩得真是不亦乐乎。

探究五："筷筷"有爱

1."筷"中有爱

语辰：爸爸、妈妈都说自己喜欢吃鱼尾，让我吃鱼肚子，只是想让我吃好一点儿。每次都会把鱼刺用筷子挑出来，把鱼肉夹给我，担心我会被鱼刺卡住。

传茗：在我不会用筷子吃饭的时候，妈妈会扶着我的手教我用筷子。

晓晔：我会给爷爷、奶奶夹菜，我们要尊敬他们，尊敬老人。

孚嘉：我妹妹还小，不会用筷子，我会给妹妹夹她喜欢吃的菜。

2. "筷"中有礼

宪宪：为什么一根筷子容易折断，一捆筷子不会折断呢？

浩诚：一把筷子很粗，很难折断。一根筷子细，很容易折断。

佳轩：一捆筷子很结实，而一根筷子就像一个人没有同伴，所以很容易被折断。（图17）

图17

屿璠：因为没有同心协力，所以一根筷子容易折断。

小朋友们，关于筷子还有一个好听的故事呢，我们一起来听听吧！

从前，有几兄弟，常常吵架。

一天，父亲把他们叫到跟前，拿出一把筷子，说："你们谁能把这把筷子折断？"几兄弟都折了折，谁也折不断。

父亲把这把筷子折散了，分给每人一根，叫他们再折，这次，他们一折就断了。

父亲说："你们看，一把筷子多结实，折不断。一根筷子很容易就折断了。以后，你们不要吵了，团结起来才会有力量。"

小朋友们在生活中也要跟小伙伴们团结在一起，这样做什么事都能成功！（图18）

图18

教师思考

生活小物，十分常见，看似平平无奇，实则蕴含着大大的学问。对生活里最常见的小物——"筷子"的探究，让孩子们把探索和生活紧紧联系起来，发现了不一样的奥秘和乐趣。在"筷"乐旅程里，了解筷子的发展变化，探索筷子的奥秘，传承用筷文明礼仪……孩子们将继续向"筷"乐出发！

六、活动完成感悟

孩子们从生活中常见的"筷子"出发，追随自己的兴趣和发现，在与材料的互动中，不断发现问题、解决问题，并获取经验。孩子们在寻找筷子、观察筷子的过程中，了解筷子的材质、形状及装饰。由学习使用筷子到了解筷子的礼仪文化。在孩子们的眼中筷子不仅仅是餐具，它还可以变成好玩的游戏。孩子们通过绘画的方式，提出对游戏的设想，并积极进行游戏体验。在调查中思考"为什么要使用公筷公勺""如何让更多人参与到公筷公勺的行动中"等问题，积极思考解决的方法。提出可以绘公筷公勺宣传画，向身边的人宣传，并从自身做起，用餐时使用公筷公勺，自发地做公筷公勺的宣传者和践行者。

活动期间，我们给予孩子充足的物质和时间的支持，在美工区投放了大量的筷子与彩纸，鼓励他们尝试自己创造筷子游戏。他们从中学习到了如何与同伴交流表达自己的想法以及接纳别人的建议；用画图的方法记录游戏的玩法；

分工合作共同完成任务；当小组成员意见不一时，还会用投票决议的方式决定结果。在宽松的氛围中，孩子在身心各方面都得到了自由，更大胆地说出自己的想法，在活动中有创意的表现，让孩子乐于参与探究活动，持续保持对筷子的好奇，同时愿意去探索更多有关筷子的知识。

在活动中，我们也看到了个别孩子自主解决问题的能力较弱，满足于跟随别人的脚步。在小组介绍活动中看出，有相当一部分孩子在大胆表达方面还需要进一步加强引导。因此，在日后的活动中，要多创造机会给被动的孩子，让他们尝试独立解决问题，还要增加表述和表现的机会，为孩子们多多地创造展现自我和大胆表达的机会。

（本案例由大三班郑莉娟老师提供）

嗷呜，你看起来好像很好吃

一、活动兴趣来源

今天，哲哲穿了一件恐龙的衣服，一下就吸引了不少孩子。

一宁：你的衣服上是什么恐龙？好像是霸王龙啊？

子淏：我最喜欢霸王龙啦！

宸郡：我也有恐龙衣服，我最喜欢梁龙。

智新：我有好几件恐龙的衣服，我最喜欢的也是霸王龙。

孩子们你一言我一语地讨论着，到底什么恐龙最厉害？到底恐龙是不是真的存在过？孩子们决定共同开启一段特殊的恐龙之旅。

说到恐龙，恐怕是没有哪个孩子不喜欢的，这个生活在远古时代的庞大生物，给了孩子们无穷的力量，让孩子们感到安全，带给孩子们自信和快乐，使孩子们大胆地去想象去创造……（图1）

图1

二、活动前期思考

用孩子们喜欢的恐龙作为载体，在丰富多彩、层层递进的活动中激发孩子们的探究兴趣，发展孩子们的想象力、创造力和动手能力，同时延伸到恐龙舞台剧的演出，在这个过程中，增强孩子们的团队合作能力，提高孩子们的艺术表现力及自我肯定。

三、活动研究目标

（1）通过开展主题活动，探究有关恐龙的知识。
（2）乐于参与，在恐龙舞台剧中积极自信地展现自己。
（3）在说一说、画一画的过程中，能以积极的态度面对一切，憧憬未来。

四、活动思维导图

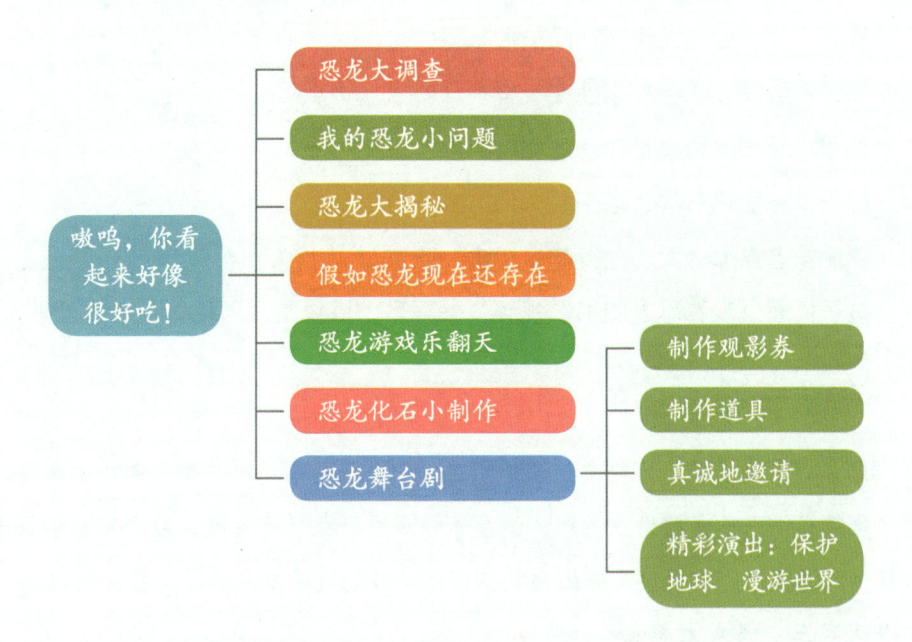

嗷呜，你看起来好像很好吃！
- 恐龙大调查
- 我的恐龙小问题
- 恐龙大揭秘
- 假如恐龙现在还存在
- 恐龙游戏乐翻天
- 恐龙化石小制作
- 恐龙舞台剧
  - 制作观影券
  - 制作道具
  - 真诚地邀请
  - 精彩演出：保护地球　漫游世界

五、活动探究过程

探究一：恐龙大调查

你知道恐龙生活在什么时候吗？

恐龙是卵生动物还是胎生动物？

你认识几种恐龙？

从恐龙的饮食习惯上看，恐龙主要有哪几种基本分类？

瞧！孩子们正在认真地填写调查表呢，原来孩子们懂这么多啊！

教师思考

通过发放"恐龙调查表"，了解孩子们对每天津津乐道的恐龙知道多少，在这个过程中也激发了孩子们发现问题、解决问题的能力，引发孩子们对恐龙知识的兴趣。

探究二：我的恐龙小问题

填写完调查表的孩子们心中的疑问越来越多，对恐龙的探索也越来越强烈，瞧，孩子们想知道的还真不少！

梓轩：为什么恐龙蛋有不同的形状呢？

宸郡：恐龙会不会和小朋友一样换牙？

彦丞：蜥脚类恐龙是如何消化食物的？

思泽：恐龙化石是怎么来的？

倩瑜：雷龙那么大，他得吃多少食物呀？

孩子们通过观看恐龙图书、视频，参观恐龙博物馆，寻找着心中的答案。

教师思考

好奇心是孩子学习的前提。孩子们在心中对恐龙想了解的越来越多，于是，我在班级提供了丰富的恐龙书籍，给孩子们观看恐龙科普视频，鼓励家长带孩子参观恐龙博物馆，在提供充分的物质支持下，鼓励孩子自主学习、探究问题。

探究三：恐龙大揭秘

孩子们通过各种方式，终于弄明白了恐龙的分类，让我们随着孩子们的脚步去瞧瞧吧！

通过对恐龙的分类，孩子们又整理出了思维导图，让所习得的恐龙知识从片面化、碎片化到整体化。

教师思考

孩子们的学习能力总是让我们惊奇，通过多种方式，孩子们终于将恐龙大致地进行了分类，并以小组为单位向大家进行展示，在这个过程中，孩子学习用思维导图的表征方式，更好地将所习得的知识进行整理和归纳，有了更全面的认识。

探究四：假如恐龙现在还存在

孩子们大胆设想，恐龙如果还存在，会发生什么事情？我们的生活会有哪些改变呢？让我们一起来瞧瞧吧！

教师思考

孩子们的想象力和创造力是无穷的，孩子们讨论如果恐龙还存在会怎样？我充分支持和鼓励大家大胆地说出自己的想法，并通过画图画的方式进行表征记录，孩子在这个过程中非常愉悦，享受到自由想象带来的无限乐趣。

探究五：恐龙游戏乐翻天

游戏一：布置恐龙区

孩子们带上自己心爱的恐龙，在班级里布置了一个别样的恐龙区，大家可以在里面玩各种恐龙游戏，阅读恐龙书籍，还可以在里面天马行空地设想，是不是很有意思啊？（图2）

图2

游戏二：恐龙恐龙几点钟

恐龙恐龙几点钟？我们一起来玩游戏吧！（图3）

图3

游戏三：一起考古啦！

瞧！孩子们还秒变考古学家，戴上护目镜，拿上小锤子，一起进行恐龙考古实验呢！看，孩子们挖出化石多兴奋啊！

教师思考

游戏是孩子们学习的主要方式，孩子们通过动手操作、动静交替等多种游戏形式，在获得快乐的同时习得关于恐龙的新经验。

探究六：恐龙化石小制作

彦丞：哇！瞧，我看到恐龙骨骼了！

家旭：耶！我挖出来了！

章恒：我的恐龙就快出土完成了……

"老师，我们要拥有自己的专属恐龙化石！"他们拿起画笔，制作起自己的恐龙化石。看，有的孩子小脸粘上了泥也顾不上擦一擦，真的好爱他们认真的模样啊！（图4）

图4

教师思考

恐龙化石应该是孩子们最接近恐龙的方式了，于是，我为孩子们提供了适宜的材料，让孩子们能够发挥想象力，在与材料的互动中创作出属于自己的恐龙化石，让他们获得成功的体验。

探究七：恐龙舞台剧

在阅读恐龙故事时，孩子们特别着迷，常常一遍又一遍请老师反复地讲，他们也会在阅读区里反复地阅览。

也许是对恐龙故事特别着迷，也许是沉迷于霸王龙温情的一面，一次区域游戏时，孩子们竟自发地在表演区演起恐龙剧来了！

以沫：我们一起演恐龙剧吧！

潇潇：我演霸王龙，你演良太吧！

安然：好吧！我演良太，我喜欢良太。

羊羊：那我演海浪吧！

煜哲：我想演火山爆发，轰隆隆，轰轰……

制作观影券

乐乐：我觉得我们可以请别的班的小朋友来看我们的演出。

以沫：可是我们没有票给别人啊！怎么邀请？

阮荀：那我们一起来制作观影券吧！

彦丞：可是观影券上都有座位号的，我们的却没有！

子浩：没有座位号大家就找不到自己的位置了！

国豪：妈妈带我看的电影票上有字哦！……（图5）

图5

制作道具

随着孩子们舞台剧的深入发展，孩子们发现缺少了不少道具，这该怎么办呢？

问题：红果子该怎么做呢？

悦悦：可以用黏土制作红果子树。

羊羊：可以用红色的彩纸揉成团做红果子。

思泽：可以画一个粘上去。

煜哲：可以打印出来呀！

问题：火山怎么做？

国豪：可以剪卡纸，然后立起来呀！

思泽：可以把纸板涂成黑色做火山呀！

煜哲：可以打印出火山来呀！

那就赶紧行动吧！（图6）

图6

真诚地邀请

未然：我们带上观影券去邀请大一班的小朋友吧！

送票的时候，孩子们还嘱咐着："要保管好，对号入座哦！"（图7）

图7

精彩演出：保护地球　漫游世界

这一天，孩子们早早地来到了幼儿园，换上了表演的衣服，为演出做最后的准备。

"检票员"也做好了准备，开心地迎接着观众的到来。（图8）

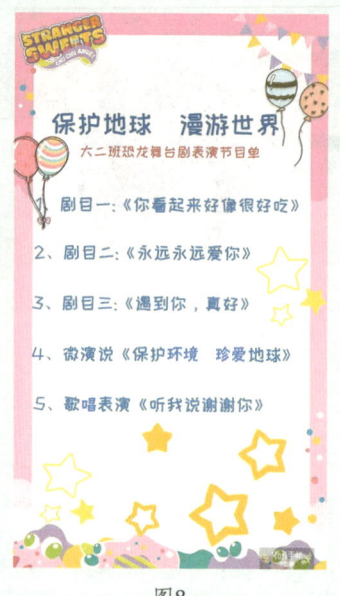

图8

活动开始了,主持人闪亮登场!

恐龙剧《嗷呜,你看起来好像很好吃》

每个人的心里都有一颗爱的种子,即使是最粗暴、最可怕的霸王龙也不例外,让我们一起来看看小甲龙和霸王龙之间会发生什么爱与被爱的故事吧!(图9)

图9

恐龙剧《永远永远爱你》

龙妈妈伟大的母爱感动着霸王龙，也感动着我们每一个人。（图10）

图10

恐龙剧《遇到你，真好》

美好的言语可以打动不友好的人、敌对的人，甚至凶狠的人，温暖是谁都向而往之的一种感觉，小棘龙和霸王龙又发生了什么温情的故事呢？我们一起来瞧瞧吧！（图11）

图11

微演说《保护环境，珍爱地球》

洁净的大地是地球妈妈的皮肤，清澈的河流是地球妈妈的血液，茂密的森林是地球妈妈的衣裙。让我们保护环境，珍爱地球，不让最后一滴水是人们的泪水，最后一口气是人们呼出的二氧化碳。让我们一起为美丽的地球而努力吧！

歌唱表演《听我说谢谢你》

我有一个愿望，我要一个三色地球，水是蓝色的，大地是绿色的，云是白色的，蓝天和白云协调搭配，到处都是诱人的绿色大地。感谢每一个为保护环境付出的你，感谢每一个为保护地球奋不顾身的你，请听我说声"谢谢你"！

教师思考

一场自导自演的舞台剧，孩子们通过自选剧目、自主排练、自制道具、真诚邀请，不仅获得了表演能力的提升，也发展了动手操作能力和与人交往能力的新经验。在给予孩子们宽松自由的活动氛围下，还给予孩子们一定的指导和帮助，孩子们在整个活动中也懂得了团队合作的重要性，锻炼了不怕困难、锲而不舍的学习品质。

六、活动完成感悟

本次活动幼儿能够从自身的兴趣出发，自主地进行探究活动，在与材料、环境的互动中不断发现问题、解决问题，并获得新经验。孩子们通过阅读恐龙书籍、查阅电子材料，了解有关恐龙的基础知识，并试着通过思维导图的形式将其表现出来；孩子们还通过多种形式的恐龙游戏加深对恐龙的了解和喜爱。在舞台区进行自主游戏时，孩子们提出表演恐龙剧的想法，于是，一台孩子自导自演的精彩演出就展现在大家面前了。

在活动开展的整个过程中，我们给予了孩子们充分的物质和时间支持。在图书区大量投放有关恐龙的书籍，引导孩子们进行阅读，孩子们在自主学习、同伴互动、师幼互动的多种形式下习得新知识；在美工区投放大量材料，孩子们在区域里"挖掘恐龙化石""制作恐龙化石"，还将自己的想法通过画笔表征出来；在表演区，投放了大量的恐龙服装以及一些相关材料，以激发孩子们的表演兴趣，孩子们提出想出演恐龙剧时，给予孩子们充分的支持和鼓励，让孩子们在宽松的环境中自主准备材料、进行排练，并给予一定的指导，让每个孩子通过这次活动都能得到经验的提升。

恐龙的探秘之旅到这里就要告一段落了，然而孩子们对于恐龙的探索和喜爱是不会就此停止的。恐龙这个曾经的世界霸主，留下了众多难解之谜，但是，我相信孩子们会继续保持好奇心，不断地学习与思考，不停地发现与进步。

（本案例由大二班赵青老师提供）